高校德育
协同创新研究

GAOXIAO DEYU
XIETONG CHUANGXIN YANJIU

曹 政 著

人 民 出 版 社

目　　录

导　论

一、研究缘起与意义

（一）研究缘起

党的二十大报告强调："育人的根本在于立德。全面贯彻党的教育方针，落实立德树人根本任务，培养德智体美劳全面发展的社会主义建设者和接班人。"①高校立身之本在于立德树人，立德树人需要解决的就是"培养什么人、怎样培养人、为谁培养人"这一根本问题。无论从历史、现实和未来看，育人都始终是高校的本质职能，我国社会主义教育就是要培养德智体美劳全面发展的社会主义建设者和接班人。大学生处于人生的"成长关键期"，着力培养担当民族复兴大任的时代新人是高校德育的重要使命。在高校德育实践中，如何协同多元主体育人力量？如何整合德育资源？如何激发德育协同效应？对这一系列德育现实问题的思考，需要树立系统观念和协同创新意识，坚守"立德树人"使命，协同提升高校德育整体实效。据此，进一步探究高校德育协同创新很有必要。

---

① 习近平：《高举中国特色社会主义伟大旗帜　为全面建设社会主义现代化国家而团结奋斗——在中国共产党第二十次全国代表大会上的报告》，人民出版社 2022 年版，第 34 页。

首先,高校德育实效与高校德育系统的构建、优化密切相关。高校德育系统优化就是要健全立德树人落实机制,构建具有中国特色、时代特征的德育体系和人才培养体系。我国高校德育在发展进程中,始终坚持德育的社会主义方向,始终把德育放在首位,全员育人、协同育人,探索了一条具有中国特色的德育发展之路。当前大学生主体为“00后”,新时代大学生生逢盛世,生长在中国特色社会主义现代化建设大繁荣大发展时期,是实现中华民族伟大复兴的希望和中坚力量。高校德育为何难以突破“实效性困境”? 这既与德育的主体、内容、载体、方法等要素有关,更与分析和破解问题的思维方式密切相关。对此,需要根据高校德育发展的内在需求和时代特征,更新德育理念,不断优化高校德育系统,促进育人合力的形成。

其次,高校德育系统面临的协同困境往往是复杂的系统性原因造成。高校德育既是教育系统的一部分,也是社会系统的一部分。高校德育系统的协同性不仅体现在其内部系统的协同性上,还体现在同其他系统的关联上。教育系统和社会系统的复杂性决定了高校德育协同创新功能实现的复杂性。实际上,由于系统性的主客观原因,高校德育仍然存在动力不足、缺乏合力等难题,这些并非是个别的、局部的原因所致。近年来,在围绕高校德育的目标、主体、内容、载体、方法等问题的探讨中,针对如何破解德育体系面临的协同困境,系统思维、协同思维已成为德育研究的重要思维。德育转型是高校德育发展的一个时代性命题,高校德育无论是理论研究的向度,还是实践发展的向度,都面临着时代发展的挑战。一方面,为促进大学生的全面发展,高校德育具有系统化、协同化的迫切需求;另一方面,高校德育在现实中又面临着分散化、碎片化的困境,制约了德育实效的提升。因此,破解高校德育分散化、碎片化的困境,已成为高校德育研究的重要议题。

再次,不断探索具有时代特征的高校德育协同创新研究是趋势所向。凸显德育“问题意识”和“协同创新”,是高校德育研究的重要特征。高校德育协同创新是要素之间内在联系的整体,把一切育人要素都充分调动和利用起来,把加强党对高校工作的全面领导与高校的人才培养紧密结合起来，最终目标都是落实立德树人根本任务，促进学生德智体美劳全面发展，培养社会主义建设者和接班人。推进高校德育协同创新必须坚定地以马克思主义理论为指导，建构符合我国国情的、本土化的、具有内生动力的德育协同体系，这也是教育者崇高而神圣的职责和使命。立足于我国国情和高校德育实效提升，借鉴马克思主义德育理论、中国传统哲学的协同思想、协同学理论等理论资源，通过探析高校德育协同创新的相关概念、历史演进、实施难题和路径选择，从理论到实践，从抽象到具体，体现了高校德育研究的实践关切和社会担当。

此外，追问研究缘起的重要因素还来自自身在高校工作中的深切体会。如何协同发力、如何凝聚力量进一步提升对大学生价值引导的问题常常萦绕在心头，也激发了自身对高校德育协同创新的思考和探究。在与大学生谈心谈话、组织各种大学生活动以及与学校教学部门工作者、管理部门工作者、后勤部门工作者等频繁交往、沟通互动中，深刻感受到高校“立德树人”过程中协同创新的重要价值以及自身职业所肩负的光荣使命。

（二）研究意义

第一，理论意义。基于高校德育系统优化的内在需求和时代特征，探究高校德育协同创新具有重要理论意义。首先，在基础理论方面，通过多维阐释高校德育协同创新的相关内涵、历时态梳理高校德育协同创新的历史演进，以及综合分析高校德育协同创新的逻辑架构等，有助于深化高校德育协同创新的理论框架，拓展高校德育体系的研究向度与深度。其次，在研究范式方面，在围绕德育主体协同、目标协同、内容协同、方法协同、评价协同等基本问题的论述中，本质上反映了传统性与现代性并存而导致的研究的系统性，本研究借鉴马克思主义德育理论、中国传统哲学的协同思想、协同学理论等理论资源，有助于拓展高校德育研究的理论视域，对创新马克思主义德育理论具有重要意义。

第二，现实意义。高校德育协同创新研究注重回应现实问题，呼应时代发展变化。首先，在高校德育形态演进过程中，现实的矛盾性和挑战性不断累积，如差异与共识、多样性与协同性、碎片化与系统性等，探索适应新时代的高校德育创新体系，有助于为破解当前高校德育的“碎片化”困境提供路径参考。其次，从跨学科视域探究高校德育协同创新的路径，进一步拓展了高校德育实践空间，不断促进高校德育的主体协同、过程有序、资源共享、动力激发和系统完善，更加科学有效地应对高校德育实践中的复杂性、不确定性问题，通过开放格局、突出主体性作用、形成整体性合力不断推进高校德育协同创新实践。

二、国内外研究现状与述评

（一）国外研究现状与述评

在国外相关研究中，系统科学研究的不断深化对系统的协同创新研究奠定了重要基础。在教育领域，系统观念、协同创新理念对一些国家教育政策的制定和教育实践具有重要影响，并广泛运用于高校德育等领域。

1. 协同创新内涵的相关研究

自20世纪初，美籍奥地利经济学家熊彼特在其著作《经济发展理论》一书中首次提出“创新”概念以来，创新理论引起广泛关注，并在系统科学领域不断深化。20世纪30—40年代，复杂性科学逐渐兴起，并在60年代形成研究热潮。20世纪60年代，系统科学在深入揭示系统的运行机理和内在规律的探索中取得了巨大进展。德国物理学家赫尔曼·哈肯创立的协同学理论给自然科学领域带来了重大突破，其理论来源于对激光现象的研究。他最初在研究激光现象时发现，激光是一种典型的在远离平衡态时由无序状态转变为有序状态的例子。哈肯通过大量研究得出结论：一个系统从无序向有序转化的关键在于系统的大量子系统在一定条件下通过非线性相互作用,能产生协同现象和相干效应,进而在宏观上形成新的有序状态。① 进入20世纪80年代,无论是在自然科学还是在人文社会科学领域,都发生了一场思维革命,即从以线性、还原性为特征的简单性思维方式向以非线性、关系性和整体性为特征的复杂性思维方式的转变。

随着系统科学研究的相关理论不断涌现,如协同学理论、区域创新系统理论、三螺旋创新理论、开放式创新理论等,都试图探究复杂系统的创新活动。以上关于复杂系统研究的创新理论都体现了系统在开放环境下多元主体之间的协作关系,为系统协同创新研究奠定了坚实基础。美国麻省理工学院斯隆管理学院研究员 Peter A.Gloor 基于系统科学理论,认为协同创新是由自我激励的人员依托集体愿景所组成的网络小组,通过交流思路、信息及工作状况以及合作实现共同目标的过程。协同创新以系统科学为理论基础,以非线性、整体性、协同性、关系性等为主要特征。关于协同创新框架的构建,Serrano 和 Fischer 从互动和整合两个维度进行了分析,具体而言,整合维度主要包括知识、资源、行动和绩效,互动维度主要是指多元化主体之间的知识的互惠共享、资源的优化配置、行动的最优协同以及系统的匹配度,并将协同创新概括为按照"沟通—协调—合作—协同"逻辑而不断发展演进的过程。②

在对协同创新内涵的相关研究中,主要围绕三个方面的议题展开。一是关于协同创新的动因。由于协同创新活动是在一定的环境影响下进行的,不可避免受到内外部环境、因素的影响。Fiaz 认为,稳定的政治环境和政府的政策支持对协同创新活动具有积极的推动作用。③ Schwartz 等从如何实现资源有效整合的角度进行分析,认为通过协同创新有助于获取专业知识、设施、资

① 参见王诺:《系统思维的轮回》,大连理工大学出版社1994年版,第169页。

② 参见 Veronica Serrano and Thomas Fischer, Collaborative innovation In Ubiquitous Systems, *Journal of Intelligent Manufacturing*, Vol.18, No.5, 2007, pp.599–615。

③ 参见 Fiaz M, An empirical study of university-industry R&D collaboration in China: Implications for technology in society, *Technology in Society*, Vol.35, No.3, 2013, pp.191–202。

金等资源，从而提升自身创新的能力以及适应外部环境的能力。① 二是关于协同创新的运行机制。Chesbrough 基于开放式创新模式，强调系统开放在很大程度上提高了创新绩效，指出不仅要注重系统内部的协同合作，也要注重与系统外部创新要素的整合来提升协同创新能力。② Martínez-Roman 等指出，宏观环境对跨界协同创新具有重要影响。③ 协同创新机制的完善是各主体相互作用、自我适应的结果，通过法规、政策、资金、人才、信息、管理等，各种因素相互配合补充，共同发挥作用，为协同创新活动提供了较为完备的保障机制，使协同创新活动的开展具备良好的条件支撑和内外环境。④ 在协同创新系统中，主体构成具有多样性，若强调其中一方而忽视另一方的运行模式，这对系统的整体运行将带来极大破坏，并将削弱系统的整体运行效能。因此，协同创新系统的运行注重多元主体的开放协作、互利互惠，强调利益共享、风险分担。三是关于协同创新产生的效应。学者们对协同创新的前提、动因、冲突、机制等问题进行研究，指出协同创新系统要素之间的交互协作能够通过价值增值促进创新溢出，并已经证实协同创新模式对系统整体功效所产生的正向作用。协同创新系统的构建使得系统各要素通过相互协作、有效整合，使得系统整体效能大于各要素运行的功效总和，实现“1+1>2”的整体效应。

表面上看，协同创新是对系统简单化模式的批判，但实质上是一场思维上的范式革命。尽管相关文献梳理了协同创新的内涵，但对于协同创新的界定

---

① 参见 Schwartz M, Peglow F, Ftitsch M, and Gnther J, “What Drives Innovation Output from Subsidized R&D Cooperation? ——Project Level Evidence from Germany”, *Technovation*, Vol.32, No. 6, 2012, pp.358-369。

② 参见 Chesbrough H., The Logic of Open Innovation: Managing Intellectual Property”, *California Management Review*, Vol.45, No.3, 2003, pp.33-58。

③ 参见 Martínez-Roman J A, Gamero J, and Tamayo J A, “Analysis of Innovation in SMEs Using an Innovative Capabilitybased Non-linear Model: A Study in the Province of Seville (Spain)”, *Technovation*, Vol.31, No.9, 2011, pp.459-475。

④ 蓝晓霞：《美国产学研协同创新保障机制探析》，《高等工程教育研究》2014 年第 7 期。

和认识仍然尚未形成共识，对其特征等问题也需要进一步探究。① 协同创新在原本的意义上是指参与者在拥有共同目标的前提下组织内部各要素之间的互动、协作。当协同创新置于宏观层面，主要运作形式即是系统协同创新。换言之，协同创新从一个微观的组织拓展到宏观层面的系统，协同创新也就从组织内扩大为内外环境共同影响下的开放复杂系统。可见，协同创新既有微观的组织内部层面，也有宏观的系统与系统之间的关联。总体而言，协同创新关于系统的整体性、过程性、自组织性、非线性、不稳定性等方面的论述对复杂系统研究具有重要方法论意义。

2. 德育领域的协同创新研究

一是在合作主体上强调参与人员的多元化。在教师协同创新方面，美国等发达国家的大学经历了一个由初始尝试到比较成熟的发展过程。考察其发展历程，在理论方面，美国教师协同创新不断融合和发展了系统论、反思实践性理论、合作化理论、教师专业发展理论等。在合作主体上，强调参与人员的多元化；在规范运作上，逐步完善了协同创新监督评估标准；在保障机制上，构建了协同创新综合支持体系。② 此外，注重激发学生的主体性，将学生的地位置于美国学者多尔所称的“平等中的首席”，认为“教师不要求学生接受教师的权威；相反，教师要求学生延缓对那一权威的不信任，与教师共同参与探究，探究那些学生正在体验的一切，教师同意帮助学生理解所给建议的意义，乐于面对学生提出的质疑，并与学生一起共同反思每个人所获得的心照不宣的理解。”③

二是在组织构建上注重协同型组织的完善。哈巍、范皑皑等结合国外教

① 解学梅、方良秀：《国外协同创新研究述评与展望》，《研究与发展管理》2015 年第 4 期。

② 参见杨思帆：《美国教师教育协同创新生态系统构建及其经验》，《比较教育研究》2017 年第 4 期。

③ 参见［美］小威廉姆·E.多尔：《后现代课程观》，王红宇译，教育科学出版社 2003 年版，第 227—228 页。

育协同创新典型案例的实践经验，如确立教育者、学习者、资源和内容构成学习环境的核心要素，以及促成各核心要素交互的“动力”，建立教育者和学生的组织形式、教学和形成性评价等，学校通过与不同外部组织建立合作关系而使得学习环境得以扩展、创新。在案例分析中，通过介绍新加坡的德育在于行动项目（Values in Action，简称 VIA），体现了学校与其他教育者的合作，包括家长、研究人员、社区合作伙伴、社群领导者、社团组织等的共同参与。①

三是在德育方法上重视直接德育与间接德育的结合。如，美国高校非常重视德育工作，德育途径主要包括课堂教学、实践活动、校园文化活动、心理咨询等多元化方式，其显著特点之一是直接德育方式与间接德育方式的结合，尤其是“无意识”的隐性教育，注重通过社会公共环境进行德育渗透，将德育融入价值准则中，不断影响学生的价值理念。② 国外在高校德育课堂教学中，教师尽量不用灌输和说教的教育方法，而是综合运用问题讨论法、案例教学法、知识传授法、情景模拟法、现场教学法等来激励学生的主体参与，进而增强师生互动、生生互动。此外，还有很多其他的方法，如制定严格的校纪促进道德品格的养成；又如德育的一体化或网络化，即政府、学校与家庭、社会共同构成相互协调作用的德育网络；高校积极借助新媒体、互联网等多元化、综合化的方式开展德育实践；等等。③ 当代西方大学教学模式中，如新生研讨课、项目教学、研讨班、实践课、Seminar、学生参与式等等，这些模式的理论与实践为构建协同型组织人才培养提供了启发和借鉴。④ 从德育的策略来看，西方国家德育的特点是不仅仅侧重于对德育知识的掌握，且在策略上重视渗透性和多

① 参见哈巍、范皑皑等：《从全球到中国：社会与学校的教育协同创新》，《华东师范大学学报（教育科学版）》2022 年第 12 期。

② 参见贾仕林、张纪霞：《美国高校德育的途径、特点及其启示》，《教育与职业》2014 年第 7 期。

③ 参见冯仰生：《内容 · 方法：国外高校德育及其借鉴》，《江苏高教》2017 年第 11 期。

④ 参见马跃：《高校协同创新人才培养模式研究》，《2017 年高校科技管理研究会年会论文集》，第 75 页。

样化的手段综合。①

由上可见,尽管各国国情不同,但在德育领域,都尤为重视协同创新实践。德育协同创新实效不仅仅取决于各个行为主体的能动性,更取决于行为主体之间的相互联系和协作,尤其是行为主体职能的明确以及协同创新机制、合作利益机制的构建。

(二) 国内研究现状与述评

从国内相关文献来看,首先是对德育概念的界定。在西方教育背景下,德育即是道德教育。在我国,对德育概念的认识多指"大德育",比较一致的表述是,"德育是教育者根据一定社会和受教育者的需要,遵循品德形成规律,采用言教、身教等有效手段,通过内化和外化,发展受教育者的思想、政治、法制和道德几个方面素质的系统活动过程"②,德育概念在时代发展中其外延不断拓展,"最终形成中国特色的德育概念(即大德育概念)"③。在本研究中,德育是指广义上的德育概念,即大德育概念。

相关研究围绕高校德育系统优化不断深入探索,从系统的组织形式和创新形态而言,高校德育协同创新无疑是研究的重点。对高校德育现代转型的研究推进了高校德育系统优化的理论建构与实践进程。对复杂系统而言,协同创新理念的广泛运用凸显了系统协同创新实践的现实意义。将协同创新理念引入高校德育系统,本身与高校德育的目标追求与组织结构具有高度的内在逻辑契合。国内相关研究围绕高校德育协同创新的理论与实践进行了有益探索,侧重于深化协同创新的理论研究以及对高校德育协同创新必要性、现实困境以及优化路径等方面的阐述。

---

① 参见赵振洲:《现代西方道德教育策略研究》,山东人民出版社 2010 年版,第 5—9 页。
② 鲁洁、王逢贤:《德育新论》,江苏教育出版社 2000 年版,第 129 页。
③ 冯建军:《学校德育》,科学出版社 2018 年版,第 158 页。

1. 关于协同创新的理论研究及其与高校德育系统的逻辑关联

（1）关于协同创新的理论研究

国内学者关于协同创新的理论研究从创新主体、资源融合、组织方式、运行模式等方面进行了系统阐述。从创新主体角度来看，陈劲、阳银娟认为，协同创新是指产学研机构、企业、政府等创新主体相互合作以实现知识增值的价值创造过程。① 从资源深度融合角度来看，山鸣峰、马君指出，协同创新意味着资源和要素突破创新主体间的壁垒，遵循价值链原则进行有效汇集和布点，充分释放彼此在“人才、智慧、资本、信息、技术”等创新要素上的活力，从而实现深度融合与合作。② 在对协同创新运行模式的分析中，董超、李正风对协同创新的内涵进行了进一步阐释，指出协同创新蕴含合作之意以及创新主体的自组织协同，其成效取决于各创新主体能否实现有效的合作和高效的协同，取决于行动者之间能否形成整合互动的社会网络，并在研究协同创新运营模式的基础上指出，协同创新不能单纯地强调资源共享，还应重视行动者之间的分工与配合；认为协同创新的核心是行动者之间关系网络的建立以及整体和个体利益的同步实现等观点。③ 潘启亮、黄黎露从协同创新系统的运行特征出发，指出由于协同创新系统运行的复杂性和动态性，因而带来了不可避免的利益冲突问题，要实现高校内部资源和外部创新力量的有机融合，核心问题是要解决不同利益相关者之间的利益分配和协调问题。④ 从协同创新的组织方式来看，邱柏生、刘巍认为，作为一种复杂的新型组织方式，协同创新是指围绕自主创新三大形态即原始创新、集成创新和引进消化吸收再创新统领下的具体创新目标，由多主体、多学科、多要素、多方位、多层面共同协作、相互契合、共

---

① 参见陈劲、阳银娟：《协同创新的理论基础与内涵》，《科学研究》2012 年第 2 期。

② 参见山鸣峰、马君：《高校协同创新的有效运行机制和驱动力研究》，《复旦教育论坛》2013 年第 11 期。

③ 参见董超、李正风：《协同创新的运营模式分析》，《中国科技论坛》2014 年第 9 期。

④ 参见潘启亮、黄黎露：《试析协同创新的利益协调机制——基于共生理论的视角》，《高教探索》2013 年第 5 期。

同努力的组织行为及其方式。[1] 从协同创新的本质目的来看，张艺、许治等认为，对于协同创新内涵的把握，既需要从学术角度阐述，同时需要结合政府决策者提出协同创新理念的现实情境理解，指出协同创新的本质目的在于打破主体及要素间的壁垒与障碍，使得相关主体围绕共同目标协同运作，最终实现协同效应。[2]

2019年，鲍勇剑教授采访了协同论的创始人哈肯教授，在发表的《协同论：合作的科学——协同论创始人哈肯教授访谈录》文章中，哈肯教授从世界观、认识论、方法论等角度总结了协同论这一门关于"合作的科学"。哈肯认为，动态不均衡系统从无序到有序的形成过程中，合作活动与竞争活动有着同等重要性，在大多数情况下合作活动起着主导作用。在分析系统的宏观层面时指出，微观层面的个体活动从属于宏观规律。[3] 实际上，协同创新是复杂系统得以有序运行与创新发展的重要途径，是组织模式从封闭保守转向开放协作和顺应时代发展的必然结果。具体来说，其理论价值在于揭示了多元主体间协同创新的组织模式变革。协同创新理念的融入优化了多元主体之间的关系，开放、共享、协作取代了封闭、排他、竞争，这种多元主体关系的改变带来了更加密切、频繁的互动与协作。

通过相关文献梳理，可以看到，协同创新并非是系统流于表面的协作、机械化的联合，而是强调多元主体之间深度的分工与互动，推动信息、技术、知识等资源协同与共享，进而实现整体效用最大化的活动。总体来看，有关协同创新的理论研究较为丰富，很多学者从不同角度对协同创新问题进行研究，但尚未形成一致的结论，且多集中于中观层面即组织协同创新角度的阐述，对微观

---

① 参见邱柏生、刘巍：《试论思想政治教育学科建设的协同创新》，《东南大学学报（哲学社会科学版）》2014年第6期。

② 参见张艺、许治、朱桂龙：《协同创新的内涵、层次与框架》，《科技进步与对策》2018年第9期。

③ 参见鲍勇剑：《协同论：合作的科学——协同论创始人哈肯教授访谈录》，《清华管理评论》2019年第11期。

和宏观层面的协同创新的关注较少。由于复杂系统的非线性、不确定性等，以及外部环境的不断变化，对系统协同创新的认识还需要进一步拓展与深化。

（2）关于协同创新与高校德育系统的逻辑关联

在高校德育理论与实践研究中，协同创新与高校德育系统之间有着内在逻辑关联。一是协同创新契合了高校德育的发展目标。在高校德育实践中，协同创新理念在德育领域的应用越来越受到重视，其目标是突破德育主体间的壁垒，充分释放彼此间的创新活力，共同协助、相互补充、资源共享，实现高校德育工作的深度协同。高校德育协同创新是作为现实的人有目的的创造性实践活动，具有人为性和为人性的特点，也就是说，协同创新必须依靠人，协同创新必须为了人，把促进师生的全面而自由发展作为协同创新活动的终极目标。① 二是协同创新适应了高校德育的内在需求。杜时忠等学者在《德育研究 70 年：回顾与前瞻》文章中梳理了从新中国成立以来我国德育研究的历史脉络，指出我国德育研究直面社会现实需要，关怀学校德育实践，历经转型化改造、科学化探索、人性化追求和本土化建构，拓展了研究领域，深化了研究主题，初步建立了富有时代精神的德育理论体系，并强调在未来研究的方法论基础上，需要有意识地将复杂思维、系统理论等作为追求新知识的方法，走向综合与多元。② 三是协同创新拓展了高校德育的实践空间。伴随着协同创新引起广泛关注并成为社会发展中的热词，协同创新视域在高校德育领域被赋予了新的内涵，也极大地拓展了高校德育实践空间。从高校德育创新形态来看，协同创新理念在高校德育系统中的应用不断深化。潘懋元教授在文章《“协同创新”的高等教育研究》中，将建设有中国特色社会主义高等教育理论研究视为协同创新的高等教育研究活动，认为其既具有“协同创新”的某些要素，

---

① 参见洪林、陈桂香：《高校协同创新的哲学思考》，《重庆高教研究》2013 年第 5 期。

② 参见杜时忠、孙银光、程红艳：《德育研究 70 年：回顾与前瞻》，《教育研究》2019 年第 10 期。

又有协同的机制和创新的成果。①

梳理协同创新与高校德育系统的逻辑关联，有助于深化对高校德育协同创新的认识，并为后续研究提供理论基础。随着现代德育理念的不断发展，逐渐发现高校德育是一个复杂的系统工程。高校德育跨学科研究也是为了解决单一学科所无法应对的问题而运用的研究思路，旨在突破现有的研究方法边界，实现多学科的借鉴，促使不同学科共同关注德育问题，并提供有益的方法论指导，从而更深刻地认识德育面临的现实问题并提出相应的破解路径。高校德育创新研究只有建立在科学的理论基础之上，进行跨学科研究才能拓宽研究视域，从而克服单一研究视野带来的局限性、片面性，这就必然要借鉴其他学科的理论资源对高校德育进行系统性研究。

2. 关于高校德育协同创新的必要性研究

在传统的高校德育体系中，由于协同创新意识不足、协同创新机制不健全等，更多地表现为单打独斗、各自为阵，缺少协作创新、互助创新、共享创新。高校德育应适应新时代的要求，深化高校德育创新研究，促进高校德育合力的形成。

学者们从传统德育形态的滞后性、对现有德育组织关系的反思等不同维度对高校德育协同创新的必要性进行了阐释。孙清忠、黄方方围绕高校协同创新的资源配置如何由各自为主的无序状态走向协同配合的有序状态进行探究，认为依据协同理论进行高校资源优化配置，就是为了提升资源共享的质量，构建资源优化配置的长效机制。② 郭丹丹、郑金洲认为，随着教育改革逐渐进入“深水区”，原有的研究形态已无法解答现实难题，教育改革发展面临

① 参见潘懋元：《“协同创新”的高等教育研究》，《中国高教研究》2013 年第 6 期。

② 参见孙清忠、黄方方：《高校协同创新中心资源优化配置机制构建探析——基于管理协同理论视角》，《高教探索》2014 年第 5 期。

的重大问题需要协同创新。① 肖薇薇、陈文海认为,如何超越组织和制度壁垒,探索建立“开放、集成、高效”的协同创新机制,成为新时期大学生思想政治教育改革创新、提高质量的迫切需要。② 叶飞、檀传宝指出,德育具有系统化、整体化、衔接化的迫切需要,它是落实国家教育战略的需要、完善人的发展的需要以及推动德育工作深入发展的需要。③ 众多学者围绕落实立德树人根本任务的途径创新,从如何增强育人合力的角度,阐述了德育协同创新在贯彻党的教育方针、推动德育创新与实践中的时代意义与战略地位。

从相关文献资料可以看出,高校德育协同创新不仅仅是对传统高校德育体系局限性的理性反思,更是对新时代高校德育体系优化的有益探索。高校德育协同创新研究是破解高校德育实践中深层次矛盾和问题的重要理路。这种基于对传统德育体系的反思和对现实德育困境的回应的理路,不仅为高校德育创新研究提供了新的生长点,而且更好地适应了新时代高校德育现代化发展的需要,从而为高校德育完成其教育使命拓展了新的空间,对促进大学生的全面发展具有重要意义。

3. 关于高校德育面临的协同困境及其策略研究

从研究文献来看,高校德育面临的协同困境及优化路径研究主要体现为以下特征:一是注重以问题为导向开展高校德育协同创新研究,比如从分析高校德育实践中面临的协同难题、机制障碍等入手;二是在围绕如何应对高校德育协同困境等方面,注重学科之间融合展开应对策略的探讨。

(1)关于高校德育面临的协同困境

相关研究主要围绕高校德育在主体、内容、方法、途径、机制等要素协同创

---

① 参见郭丹丹、郑金洲:《教育研究中的协同创新》,《河北师范大学学报(教育科学版)》2014 年第 2 期。

② 参见肖薇薇、陈文海:《大学生思想政治教育协同创新机制:条件、效应与建构》,《学校党建与思想教育》2015 年第 10 期。

③ 参见叶飞、檀传宝:《德育一体化建设的理念基础与实践路径》,《教育研究》2020 年第 7 期。

新的制约因素，以及对原有育人模式和当前育人新形态之间的结构冲突等方面进行阐述。

肖薇薇、陈文海通过分析大学生思想政治教育的现状，认为现实存在的“孤立、分散、封闭”现状是制约其创新发展和质量提升的重要瓶颈。① 孙建、周举坤认为克服割裂走向融合是大学生思想政治教育工作协同创新的基础，并将大学生思想政治教育工作中的割裂主要表现总结为大学生思想政治教育工作部门独立化导致缺乏融合，以及大学生思想政治教育工作呈现的科层化导致了对要素之间融合的阻碍。② 叶飞、檀传宝阐述了德育在现实中面临的碎片化风险，具体体现在课程内容、教学方法、德育途径、评价机制等多方面，制约了德育的效果和质量的提高，并指出化解德育的碎片化风险成为未来德育改革创新的重点。③ 陈玲在对育人协同创新组织建构的分析中，指出协同创新的困境在于原有育人壁垒和育人新秩序之间的冲突矛盾，究其原因是高校内外部欠缺从理念到实践的深度协同。④ 班建武认为，现行学校在管理上的两大职能部门即德育部门和教学部门的割裂，造成了学校德育合力的不足，并且通常教学部门在学校中更有地位和资源，事实上挤压了德育的存在空间。⑤

当前，高校德育协同创新格局并未形成，相关研究对高校德育的诊病主要集中在学校教育与家庭、社会的脱节、协同育人实效性不强等方面。站在培养时代新人的高度，推进高校德育协同创新实践，既是对当前高校德育面临的新

① 参见肖薇薇、陈文海：《大学生思想政治教育协同创新机制：条件、效应与建构》，《学校党建与思想教育》2015 年第 10 期。

② 参见孙建、周举坤：《协同理论视域下的大学生思想政治教育创新研究》，《学校党建与思想教育》2015 年第 7 期。

③ 参见叶飞、檀传宝：《德育一体化建设的理念基础与实践路径》，《教育研究》2020 年第 7 期。

④ 参见陈玲：《“三全育人”协同创新组织的建构》，《学校党建与思想教育》2021 年第4 期。

⑤ 参见班建武：《德育一体化的社会向度及其实践要求》，《国家教育行政学院学报》2022 年第 3 期。

形势、新诉求的积极回应,也是对高校德育研究的拓展和深化。凸显问题意识,以问题为导向,是坚持马克思主义世界观和方法论的具体体现。为了更好的推进高校德育协同创新,应坚持问题导向、树立系统观念,从系统科学的视角对其进行研究。

(2)关于高校德育协同创新的实践策略

协同创新的理论特征决定了高校德育协同创新实践的开放性、系统性、协同性。相关研究聚焦高校德育系统如何实现整体功能和协同效应,通过对高校德育要素的协同、德育系统结构的优化、德育协同创新机制的构建等方面的分析,对当前推动高校德育协同创新提供了有益思路。

一是聚焦高校德育协同创新的要素整合。王源平从主体视阈下对高校思想政治教育协同创新问题进行探讨,提出构筑教育者主体从单一性走向多元化,培育自我教育自我管理、创新生生协同教育,建立良性教育主体间双向协同合作关系等对策。① 冯建军指出需要加强党对德育工作的领导,建立和完善党委统一领导、党政齐抓共管、专兼职队伍相结合、充分发挥学生组织的作用,使之形成一个有机整体,形成合力,以切实有效地加强和改进学校德育工作。② 张莉、胡芝认为通过不同主体之间的相互协同,进而形成优势互补、相互协作、协调配合的整体系统,实现育人力量和资源的深层次融合和无缝对接,形成同向同行的整体态势和育人合力。③ 陈玲认为必须从原有的育人组织中不利于协同的要素出发,使新组织具备协同创新的特征,并将其总结为共同创造的组织文化、多维协同的组织功能、优势互补的组织智能等特征。④ 岳

---

① 参见王源平:《论主体视阈下的高校思想政治教育协同创新》,《学校党建与思想教育》2014 年第 10 期。

② 参见冯建军:《四十年德育改革的中国道路与中国经验》,《东北师大学报(哲学社会科学版)》2018 年第 6 期。

③ 参见张莉、胡芝:《"大思政"视域下高校思想政治教育协同创新研究》,《学校党建与思想教育》2018 年第 11 期。

④ 参见陈玲:《"三全育人"协同创新组织的建构》,《学校党建与思想教育》2021 年第4 期。

龙以协同创新为视域，探讨从目标协同、理念协同、职责协同三方面来构建高校全员育人体系，指向育人主体的责任与情怀以及育人队伍的系统性、协同性建设。[①] 协同创新视域注重动态、开放、协作、发展的思维去分析高校德育系统，为理解德育要素之间的耦合关系提供了有益启发。

二是围绕高校德育协同创新的环境营造。如今的高校已经不再被看作是脱离社会的“象牙塔”，而被视为开放的教育系统。孙华锋认为，协同创新的文化氛围是协同创新的催化剂，只有在协同创文化氛围中才会自觉的放弃过去各自为政、单打独斗的局面而投入到协同创新实践中。[②] 刘三宝、谢成宇从充分发挥环境的导向功能、凝聚功能和激励功能的角度，提出树立大数据思维，促进若干个子系统与其所处环境的协同。[③] 随着互联网、信息技术的发展，高校德育协同创新应不断拓展边界，营造包容性的德育协同创新环境，广泛吸纳社会力量的参与，打破学校与家庭、社会之间存在的种种壁垒，促进学校之外的育人群体如家庭、企业、社会组织等共同协作参与到高校德育实践中来，将德育过程融入于生活环境和社会环境之中。

三是关于高校德育协同创新的机制构建。高校德育工作的特殊性决定了其运行在很大程度上依靠完善的政策、制度保障，以及自上而下的推动。高校德育协同创新涉及多元利益主体，因而多元育人力量的整合离不开有效的运行机制。肖薇薇、陈文海在具体策略上指出，要突破内部与外部组织边界和制度壁垒，重点加强动力机制、整合机制和保障机制的建构。[④] 王学俭、李晓莉从激励机制、开放机制、平台搭建和成果反馈等方面进行分析，以促进育人合

---

① 参见岳龙：《思想政治教育协同创新视域下的高校全员育人体系建构》，《思想教育研究》2022 年第 8 期。

② 参见孙华锋：《高校协同创新能力提升的体制机制因素分析》，《国家教育行政学院学报》2014 年第 10 期。

③ 参见刘三宝、谢成宇：《基于大数据的高校思想政治教育协同创新研究》，《广西社会科学》2021 年第 4 期。

④ 参见肖薇薇、陈文海：《大学生思想政治教育协同创新机制：条件、效应与建构》，《学校党建与思想教育》2015 年第 10 期。

力的形成，实现集约化的协同育人效果。① 山鸣峰、马君将高校协同创新的整体运行机制构建总结为引导层面、主体层面、运作层面等。② 哈巍、范皑皑等系统分析了国外和国内具有影响力的教育协同创新的案例，研究发现，学校与社会需要彼此协同，存在内部系统与外部系统的相互关联；世界各国的学校与社会中其他教育者发展了多种形式的合作机制，以求为学习者拓展学习空间、提升教育质量。③

研究发现，一是国外论及系统协同创新及其在德育领域展开的研究成果较丰富，在推动育人主体整合、协作互动等方面具有借鉴意义。同时需要注意，在对国外高校德育协同创新相关文献的借鉴中，应注重多元文化的差异性，避免生搬硬套，以及要进行本土化改造，使之适应具有中国特色的社会主义德育体系要求。二是国内相关研究对高校德育协同创新从内涵到必要性、可行性进行了基础性研究，为后续研究提供了丰富的理论资源。从高校德育协同创新的复杂性来看，当前尚须置于高校德育的系统性视角下根据高校德育协同创新的内在需求和时代特征变化进一步探究。三是新时代对高校德育系统优化提出了新要求，研究高校德育协同创新需要积极回应实践中面临的突出问题，如高校德育主体、内容、方法、评价等协同性不强的困境，以及高校德育协同创新实践的动力不足等难题。

综上所述，一方面，立足于“破”的维度，面对高校德育要素碎片化、德育整体实效不强等问题，高校德育协同创新价值的彰显首先需要拓展研究视域、更新传统育人理念；另一方面，立足于“立”的维度，积极探索高校德育协同创新的逻辑架构，并以实践的方式进一步回答高校德育协同创新的系统优化、机

① 参见王学俭、李晓莉：《论思想政治教育协同创新》，《甘肃社会科学》2014 年第 3 期。

② 参见山鸣峰、马君：《高校协同创新的有效运行机制和驱动力研究》，《复旦教育论坛》2013 年第 11 期。

③ 参见哈巍、范皑皑等：《从全球到中国：社会与学校的教育协同创新》，《华东师范大学学报（教育科学版）》2022 年第 12 期。

制建构与未来面向，紧紧围绕“立德树人”根本任务，凝聚育人力量，促进高校德育协同效应的实现。

三、研究思路与方法

（一）研究思路

本书以马克思主义理论为指导，除了导论之外，共分为五个部分。前三部分为基础理论研究，主要阐述高校德育协同创新“是什么”“内在规定有哪些”“在历史演进中的特征变化”，以及“有着怎样的逻辑构架”等基础理论问题；后两部分为发展境遇分析，主要分析“高校德育协同创新的实施难题”，并提出“高校德育协同创新的路径选择”。具体而言：

第一部分首先从“协同创新”的动因和主要特征进行阐释。其次，从前提、核心、旨归三个维度即德育系统的开放性、集体协同的生成和德育协同效应的激发对高校德育协同创新的概念要义进行整体认识和把握。再次，借鉴马克思主义德育理论、中国传统哲学的协同思想、协同学理论等理论资源，透过这些不同的理论资源和思维范式，以期进一步理解高校德育协同创新的内涵与时代意蕴。

第二部分梳理了高校德育协同创新的历史演进。随着德育系统外部环境与内部要素、结构的动态变化，高校德育体系经历了传统集体主义向度—系统化发展—协同创新的演进。高校德育体系的传统集体主义向度主要依靠组织力量自上而下推动，反映了新中国成立到改革开放前的宏观政治背景。改革开放初期，随着社会主义市场经济的发展，高等教育国际化逐步推进，开放的复杂性思维为高校德育的系统化构建注入了强大动力，对高校德育规律认识的深化以及对高校德育的系统化构建带来了重要契机。然而，高校德育在注重系统化构建的过程中，存在德育要素之间、子系统之间难以协同的难题。随着时代发展,高校德育系统优化呼吁协同创新理念的出场。

第三部分致力于构建高校德育协同创新的逻辑架构。这是我们探寻它、理解它整体构成的重要理论问题。本书认为,就高校德育协同创新的微观维度而言,核心是坚持以人为本,注重人的主体性、互动性、协作性,分析多元主体的构成和交互协同;就高校德育协同创新的中观维度而言,需要分析德育组织之间的独立性、差异性、互补性、协同性,实质上体现的是德育组织之间竞争与协作的规律;就高校德育协同创新的宏观维度而言,需要系统分析高校德育系统与外部系统的非线性互动,以及高校德育协同创新的自组织性。

第四部分重点分析高校德育协同创新的实施难题。当前,高校德育协同创新既在一定程度上按照一定的方向和目标有序发展,又在具体实践中面临着不可忽视的一系列挑战和难题,导致高校德育协同创新在推进过程中存在"乏力"现象。概括而言,主要体现为高校德育形态与协同创新理念存在差距,高校德育碎片化制约了育人实效,高校德育协同创新实践的动力不足等。厘清问题的本质、积极寻找问题的出路是高校德育协同创新研究的关键所在,对于更好地推进高校德育系统优化具有重要意义。

第五部分回应高校德育协同创新的实施难题,探究高校德育协同创新的路径选择。如何突破高校德育协同创新实施中面临的难题?如何实现高校德育协同效应?这是关涉高校德育协同创新的路径选择与促进德育整体实效的重要议题。这一部分主要从理念建构、系统优化、制度保障等方面进行论述。

总体来看,本书沿着破题层面→立题层面→问题层面→路径层面的路线推进,如图 0.1 所示。

(二)研究方法

1. 文献梳理法。通过梳理有关高校德育研究范式、高校德育系统建构、高校德育协同创新等方面的相关著作、期刊文章、优秀学位论文,以习近平总书记关于立德树人等重要论述为根本遵循,总结和把握高校德育协同创新的研

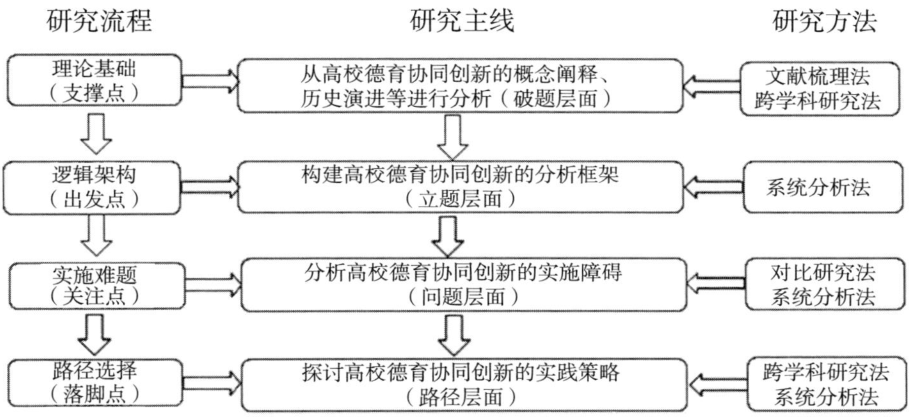

图 0.1　研究思路

究进展和未来趋势。

2. 跨学科研究法。高校德育协同创新研究坚持马克思主义理论指导，借鉴哲学、教育学、协同学、管理学等学科，引入相关理论对高校德育协同创新的理论与实践进行多维度探析。

3. 系统分析法。一方面，将高校德育协同创新视为一个复杂系统，探究其整体与部分、结构与功能等关系。另一方面，将高校德育协同创新放在更大的社会系统中加以考察，揭示外部环境的影响，在开放性、复杂性视野下对高校德育协同创新进行多层面的探讨。

4. 对比研究法。通过纵向比较和横向比较等研究方法，对高校德育协同创新的历史演进、实施难题等进行分析，以期对新时代背景下高校德育协同创新实践提出路径选择。

四、研究的重难点与创新

（一）研究的重难点

第一，研究重点：对高校德育协同创新的相关内涵进行多维阐释，以及对高校德育协同创新的发展演进进行历时态梳理,这是阐述高校德育协同创新的理论特质之不可或缺的重要部分,也是整个研究的基础性工作。此外,由于复杂系统的要素多元、结构多样,有其系统的逻辑架构,因而,构建高校德育协同创新的分析框架是本研究的重点和关键所在。

第二,研究难点:高校德育协同创新研究是理论性与实践性都很强的社会活动,高校德育协同创新面临的实施难题是高校德育协同创新研究的难点,需要从理论与实践相结合来系统分析其实施过程中的多重难题,并揭示其深层次原因。探究高校德育协同创新的路径选择之所以是难点,原因在于这项探索涉及多学科知识以及学科之间交叉融合,关涉到整个研究的实践价值和现实针对性,因而难度系数较大。

(二)研究的创新点

第一,本书将高校德育协同创新视为一个开放的复杂系统,挖掘与高校德育协同创新相契合的理论视域,借鉴马克思主义德育理论、中国传统哲学的协同思想、协同学理论等理论资源,在跨学科研究过程中,既秉持开放、包容的研究态度,同时坚持高校德育协同创新自身的特质,进一步拓展了高校德育系统的研究视域,为优化高校德育系统提供了新的视角和启发。

第二,德育系统的开放性、集体协同的生成以及德育协同效应的激发是高校德育协同创新的应有之义,理解高校德育协同创新的重点在于其系统性、协同性、自组织性。本研究认为,高校德育协同创新是基于立德树人的共同价值目标,以人的全面发展为基点,以多元主体协同、多种资源共享、多方力量凝聚、多重场域共存、多种方法共融等为主要特征,促进德育协同效应的激发,在培育时代新人的实践活动中具有高度自觉性、协同性、创新性的系统化育人体系。

此外,从微观维度、中观维度、宏观维度构建高校德育协同创新的逻辑架构,并综合分析德育主体的交互协同、德育组织的竞争与协作、德育系统内外复杂的非线性互动等,为进一步认识高校德育系统内部各要素、各子系统之间的复杂关系以及高校德育系统与外部系统的非线性关联提供了整体上的分析模型。基于此,通过探究如何破解高校德育协同创新实施难题的路径选择,为应对高校德育协同创新实践中面临的碎片化、复杂性、不确定性、动力不足等难题提供了路径参考。

第一章　高校德育协同创新的基本考察

冯·贝塔朗菲提出的一般系统论开启了系统哲学的研究，系统科学作为复杂性科学，其意义更多是如何理解系统的复杂性以及探索系统研究的方法论。高校德育协同创新本身是系统范畴，厘清高校德育协同创新的相关内涵，首先需要了解系统的概念。系统是事物存在的普遍形式，是由相互作用的诸要素构成并具有一定结构和功能的有机整体。系统主要包括要素、结构和功能等方面，其核心是研究系统的整体性。不同的要素构成则会形成不同的系统结构，并决定系统的整体性质和功能。系统通常由许多子系统构成，"这些子系统彼此之间通过信息、能量、物质交换协同工作"①。随着系统科学的深入发展，系统方法论得以不断成熟。毋庸置疑，系统观念和系统思维已成为人们认识和处理复杂系统的重要方法论。

"在时代变化和实践发展中，实现理论创新则是学科与时俱进和理论体系不断发展的基础。"②高校德育协同创新是在时代变化和德育创新发展的大背景下展开的。通过阐释协同创新的动因和主要特征，从前提、核心、旨归三

① ［德］赫尔曼·哈肯：《协同学：理论与应用》，杨炳奕译，中国科学技术出版社 1990 年版，第 10 页。

② 顾海良：《打牢马克思主义学科建设的根基》，《理论导报》2015 年第 4 期。

个维度即德育系统的开放性、集体协同的生成和德育协同效应的激发对高校德育协同创新进行整体认识，以及分析本书的理论资源，以期进一步理解高校德育协同创新的概念要义与时代意蕴。概括而言，高校德育协同创新是基于立德树人的共同价值目标，以人的全面发展为基点，以多元主体协同、多种资源共享、多方力量凝聚、多重场域共存、多种方法共融等为主要特征，促进德育协同效应的激发，在培育时代新人的实践活动中具有高度自觉性、协同性、创新性的系统化育人体系。

第一节　协同创新的动因与特征

协同创新是一个开放式的概念，在协同创新过程中通过打破各要素间的壁垒，促使各要素、各子系统之间相互协作，在系统的目标、方式、功能和效果上进行有机整合，形成系统的整体合力，最终促成“1+1>2”的协同效应。分析协同创新的动因与主要特征，有助于认识协同创新实质和把握协同创新的整体性。

一、动因：要素耦合的需求

在自然界与社会中存在着各种系统，不断实现着从混沌无序状态向稳定有序结构的转化。需要注意的是，自然系统与社会系统之间有着重要区别：自然界有序结构的形成往往是遵循一定的规律自然生成，而社会系统的结构作为人类实践活动的产物，往往通过一定程度的自主建构而形成。复杂系统协同创新结构的生成，首先需要确定共同认可的目标作为行动的导向。只有各种要素围绕共同目标开展行动，确保个体目标与系统共同目标间的同向同行，各要素才能在相互关联的过程中建立有序关系，进而形成要素耦合的系统。

一方面，各要素始终在系统共同目标的导向下开展行动，不断促进系统共同目标的实现；另一方面，各要素又从系统共同目标中受益，更好地促进自身特殊目标的实现。

在现实中，任何系统都不可能具备自身演化所需要的全部要素和资源。Ketchen 等学者从组织关系的角度，对协同创新的内涵进行了阐释，认为协同创新是创新组织为了持续创新而推动专门技术、思想和知识等资源跨组织转移与共享的过程。① 系统的要素与系统的结构两者之间密切相关，系统的要素与要素之间通过不同的组合方式可以构成不同的系统结构。"元素和结构是构成系统的两个缺一不可的方面，系统是元素与结构的统一，元素与结构一起称为系统的内部构造，即哲学讲的内在规定性。"②系统的整体功能通常由要素和结构决定，若构成要素不变，那么系统功能则由结构决定。对此，若要提升系统的功能，通常可采取调整要素或优化结构的方法。

在传统的要素结合和组织结构方式下，由于要素之间、组织之间缺乏协同性，导致资源难以有效协调、整合。资源是为协同创新活动的开展所利用并对协同创新效果的实现具有重要作用的各种要素的总和，并随着协同创新实践的开展而不断拓展，是一个要素多样、动态变化的系统。系统要素构成的协同程度在一定程度上决定了资源的整合程度。资源整合不是各种不同资源的简单汇集，而是需要通过要素耦合、组织协同创造条件促进各种资源优化重组，形成新的适合系统有序运行需要的资源样态。在现代化进程不断推进过程中，资源的供给也是处于开放、动态、不断运动变化的系统之中。资源供给方若不能灵活地适应外在社会形势发展和有效协同，脱离系统运行轨迹，将会导致资源的分散化、碎片化倾向。对系统的运行而言，能够利用的资源往往是有限的，通常是伴随着系统要素之间、组织之间的关系而变化。从资源供给方的

---

① 参见 Ketchen D J，Ireland R D，and Snow C C，"Strategicentrepreneurship，Collaborative Innovation，and Wealth Creation"，*Strategicentrepreneurship Jorrnal*，Vol.1，No.3，2007，pp.371-385。

② 苗东升：《系统科学精要（第 4 版）》，中国人民大学出版社 2016 年版，第 23 页。

最优组合进行协调,才能使资源在整体上达到最大效能。为此,应增强协同创新思维,树立统筹协调的整合观念,促进系统要素之间、组织之间形成协同格局,从而提升资源的协同利用效率,避免资源的碎片化利用。

如何突破要素之间的壁垒,如何实现各种资源有效整合,都指向了协同创新模式的促成。通过跨组织的资源整合与共享建立信息畅通、互补的信息管理程序,将避免信息管理的无序对接、资源浪费等现象,从而为系统的协同创新提供坚实的组织基础。资源整合与共享加速了协同创新的进程,将促成新的协同创新格局,由此合理分配资源,增强共享与互动,有效避免了资源重复利用、无序竞争带来的资源浪费。从资源效益的研究来看,协同创新有助于创新主体整合内外部资源,促进资源利用效率的提升。① 通过系统内部各个子系统与其外部环境的关联,突破各种壁垒,促使资源汇聚,有助于实现人才、信息、技术等要素的有序流动。

协同创新既是要素之间形成合力的手段,也是要素之间形成合力的成果。协同创新以共同的目标为牵引,通过"要素耦合",使各类资源得到整合、组织结构得到优化、功能优势得到互补。协同创新理念立足于系统的空间观、系统观与整体观,遵循系统优化的发展逻辑,重点关注系统动力的生成、资源的整合及优化的趋向,追求系统功能的充分发挥与系统生态的良性发展。协同创新理念的作用范围有其深度与广度:纵向上实现对各个层级的衔接;横向上实现组织、职能的协调,理顺组织之间的关系,促进整个系统的流畅运转。协同创新理念为系统完善提供了系统化的思维方法与实践模式,使其在处理复杂性问题、不确定性问题、解决矛盾的过程中能深入剖析问题实质,体现了对系统运行规律的正确认识、把握与运用,为系统的整合优化提供了基本保证。

---

① 参见张艺、许治、朱桂龙:《协同创新的内涵、层次与框架》,《科技进步与对策》2018 年第 9 期。

二、主要特征:非线性、协同性与自组织性

协同创新内部构成要素的相互作用以及外部环境的影响都决定了协同创新的复杂性,使得协同创新在具体运行过程中呈现非线性、协同性与自组织性等特征。

其一,非线性特征意味着在协同创新运行过程中不可能会完全按照预先设定的方向和目标发展,总是会在具体运行过程中产生不确定性因素、进入非平衡态。从词源上看,线性和非线性源自于数学中的概念,用来描述不同型数关系,在坐标系上分别呈现直线状态和曲线状态。系统协同创新的构成要素通常会按照一定的规律和原则,在非线性作用过程中形成一定的、相对稳定的结构,进而形成系统的有序性。任何一个要素的变化,都可能产生联动效应而导致其他要素的变化,同时系统的结构也会随之发生变化,进而影响系统的功能。系统协同创新的平衡通常体现为动态的平衡,要实现其稳定的自身目标,需要与外部其他系统非线性互动,在与外部其他系统相协同、相适应的非线性互动过程中不断实现对系统协同创新的调整和优化。

其二,协同性的形成离不开要素之间、子系统之间的竞争与协作。协同学理论认为,系统有序结构的形成伴随着要素之间、子系统之间的竞争与协作。一方面,由于子系统之间存在差异,获取物质、能量以及信息也会不同,则必然会存在组织之间、子系统之间的竞争。另一方面,系统包含的各个子系统之间的协同常常互为条件、互为因果。可见,子系统之间的相互竞争、相互协作促发了有序的时空结构的形成,并推动着系统的协同发展和演化。

其三,自组织性是系统内部要素的自发性组织行为,其目的是促使系统不断向更高层次、更多方向有序发展。系统在远离平衡的临界态上,在由旧结构向新结构的跃迁过程中,面临着多种不确定性因素的影响,同时面临着多种要素组合的不同形态,因此也造就了系统演化的动态性、复杂性与多样性。“自

下而上式、自发性、涌现性是自组织必备的和重要的特征”①,子系统之间通过相互作用,自发地形成有组织的协同行动,企图克服系统的混沌状态,促使系统走向新的有序结构,便产生了自组织现象。

系统能够产生自组织,实际上有其自适应性,当系统外部环境发生变化时,系统对自身结构做出相应调整,以寻求系统的有序运行。正如协同学中强调的“自组织性”,在一个遵循共同目标行动的系统中,只有各要素充分发挥自主性,在不断变化和不确定性的环境下自适应地不断调整,将自身优势充分彰显,并在最大限度上形成优势互补的关系,更高层次的动态平衡和系统的协同效应才有可能产生。在系统的自组织运行过程中,还需要注重系统的反馈,以利于系统的整体平衡。从整体上看,系统的自组织过程是从低层次有序向高层次有序推进的过程,呈现螺旋上升式的轨迹。

第二节　高校德育协同创新的概念要义

高校是进行社会主义意识形态教育的重要阵地,能否做好高校德育工作,事关大学生的健康成长,事关国家和社会的长远发展。育人的根本在于立德,关系着时代新人的培养,关系着中华民族伟大复兴事业。为了适应内外环境的复杂性和人才培养的时代性要求,高校德育需要坚持系统思维,进一步更新理念和推进德育体系的系统化,推动高校德育守正创新。高校在德育理论研究、协同育人实践等方面具有雄厚的智力资源。创新是任何事物保持生机与活力的必要前提,高校德育系统的优化也是如此,需要在创新中优化,在优化中创新。对协同创新的概念阐释,为高校德育协同创新的内涵拓展奠定了基础。从创新的类型来看,原始创新无疑是所有创新实践活动追求的目标和方

---

① 苗东升:《系统科学精要(第 4 版)》,中国人民大学出版社 2016 年版,第 146 页。

向。在德育领域,高校德育协同创新更多地体现在协作、共享层面,也就是汇聚共享各方资源、整合协同各方力量,促进德育体系的优化。高校德育系统优化和协同创新理念相得益彰,协同创新理念对高校德育系统的优化体现在协同创新过程中自组织调节的适应性,以及集成创新产生的有效性。高校德育作为客观存在的社会实践活动,之所以能够实现协同创新发展,其根本原因在于多元主体有着共同的价值诉求,即实现人的全面发展的价值目标。

一、前提:德育系统的开放性

任何封闭或孤立的系统都具有相对性,那种"绝对孤立和绝对封闭的系统,在现实世界中是不存在的,现实的系统都是开放的系统"①。冯·贝塔朗菲在创立一般系统论时,就指出开放性是一个系统必要的特征。系统意味着在一个整体中不同要素的相互关联,开放性则是系统多样性构成要素之间互动的客观条件。

高校德育作为内在构成要素多元化的理论教育和实践活动,在具体的运行过程中,呈现出鲜明的开放性特征,并不断促进德育资源的整合。任何社会实践活动都是以相应的资源作为基础。高校德育协同创新作为有目的、有计划、有组织的实践活动,同样也需要丰富的育人资源。德育资源是指在德育活动中人力、物力、财力等资源,是高校德育协同创新的物质前提与重要基础。德育实施效果的大小与德育资源的利用程度紧密相关,正是丰富的德育实践使得各类德育资源获得了价值与意义。德育资源的功能,从其本质上而言,是为德育主体所开发和利用,并为实现德育目标而服务。把德育贯穿于学生学习生活的全过程,需要充分挖掘德育资源,进而增强大学生的道德认知和实践能力。高校德育协同创新的功能发挥是在德育资源优化配置的基础上完成

① 李志才:《方法论全书(Ⅲ)自然科学方法》,南京大学出版社1995年版,第96页。

的，因此，在德育系统的开放性背景下，有力推动了德育资源的整合与共享。

实际上，开放性是高校德育系统动态发展的条件，也是高校德育系统实现演化的前提，“体系将来要建立一个活的有序结构，因此必须与外界有不断的物质、能量和信息的交换”①。高度开放、深度融合是当今时代的重要特征，任何一个系统都存在于一定的环境之中，环境是系统演进发展的外部因素和外部动力。因此，系统的效能发挥在一定程度上依赖于所处的环境条件。若系统开放程度为零，则成为封闭系统，意味着系统与外界的隔绝；若系统开放程度为百分之百，则意味着系统与外界环境融为一体，那么系统也就不复存在。开放的系统始终有物质、能量、信息不断的流入和流出。高校德育系统作为开放的系统，意味着与外界存在着不断的物质、能量、信息的交换，进而推动高校德育系统的演化。

进一步而言，外部环境的不确定性和多变性使得高校德育系统处于“平衡—不平衡—新的平衡”的循环演进状态。开放是耗散结构出现和系统演化的基础，高校德育系统只有向外界开放，才能维持自身的循环运行，促使系统自身获得稳定的、可持续发展的不竭动力。外部环境的变化会对高校德育系统产生影响，高校德育系统需要根据外部环境变化不断调整自身的要素与结构，而不是简单回避或者消极应对。这种适应通常呈现循环往复的特征，不断历经平衡、不平衡、新的平衡。在全球化进程中，协同创新将使得高校德育系统变得更加开放、更为注重德育与空间的统一，并强调以系统思维调节自身内部发展与外部空间的关系，从而实现整体上的动态平衡。

二、核心：集体协同的生成

从事物发展过程来看，事物的运动变化必然蕴含着其内在规律。集体协

① 吴彤：《自组织方法论研究》，清华大学出版社 2001 年版，第 150 页。

同的生成首先是源自高校德育自身的协同创新需求，其次是源自外界的影响或推力。“动力”一词在本义上特指物理学上使机械做功的各类作用力，在社会科学领域通常引申为促进事物在一定环境下不断发展的力量。事物发展的动力通常包括内生动力和外在推力，以复合动力的形态呈现。相对于“外推”而言，“内生”是任何现实的伦理道德产生和发展的主要方式、真实途径。① 质言之，内生动力是主导性动力，更具根本性。从高校德育实践形态而言，德育活动是关涉社会关系的一种实践活动，人的因素在德育实践活动中尤为重要，德育的初衷、目标都是围绕人的发展、为了人的发展。因此，注重人的多样性需求和人的主体性发挥是德育协同创新的重要动因。

高校德育系统与协同创新理念具有高度契合性，是高校推进学生全面发展，培养高质量人才的现实所需。一切德育工作的目标、主题与内容都要与学生的全面发展密切关联。高校德育协同创新是否可行，归根结底要看其是否符合学生全面发展的现实需求，是否将个人价值与社会价值相统一、历史经验与现实观念相统一、德育活动目的与大学生身心发展需求相统一，为高校德育工作开创新视野、新局面。

首先，集体协同肇始于德育主体对协同创新的需求，是德育主体为了实现共同的德育目标而激发的内在力量。通常而言，“内生”是决定事物存在与发展的根本因素，它强调事物应当按照自身的内在属性来确立发展方向，而不是遵循固定的标准、路径或模式。德育主体对协同创新的需求具有内在规定性，即离不开德育的现实发展。无论是教育者还是教育对象，都是置身于不断发展变化的社会关系之中的现实存在，具有鲜明的整体属性。多元化的德育主体有着不同的利益需求，不同类型和层次的需求难以兼顾，相互之间可能会产生不协调甚至是矛盾。满足主体协同创新需求伴随着德育发展始终，以实现人的全面发展为价值旨归，是基于现实层面理解德育协同创新需求的基础。

① 参见李德顺：《普遍价值及其客观基础》，《中国社会科学》1998 年第 6 期。

多元主体只有增强互动、协作，在德育工作中产生共鸣，才能发挥各自的育人功能，齐心协力育新人。此外，德育主体协同创新需求具有拓展性，伴随主体需求的不断被诱发和挖掘，必然会不断唤起新的更高层面的协同创新需求。在主体协同创新需求的不断拓展中，需要处理好与国家和社会需求之间的关系，强化多元主体的集体协同，将主体发展需求融入国家和社会的发展进步之中。只有在集体协同中，多元主体通过交互行动才能够消弭相互之间的冲突或分歧，明确共同的目标任务，实现自我的目标愿景与集体的价值追求的有机统一。

其次，集体协同的生成离不开外部力量的推动，外在推力是不可或缺的动力来源。集体协同不仅依托于系统内部的自觉协同和自发调控，同时也需要外部条件的有力支撑。高校德育协同创新需要通过借助和发挥外部环境对高校德育协同创新的正向激励作用，主要包括社会发展需求、教育政策制度、文化推动等几个方面。其中教育政策引导是主要的外部推动力，具有重要推动作用，这种自上而下的外在推力也是必要的。高校社会功能多元、内部组织多元、教职人员身份多元、学生成长需求多元等现实背景下，高校德育协同创新需要促进外力推动向自我驱动的深层转变。基于协同创新的理念认同与价值共识，有助于建立自我发展、自我完善的内生动力机制，不断推动高校德育协同创新实践。

可见，集体协同的生成体现为多方因素的推动，内生动力和外在推力共同构成了德育系统协同运行的复合动力。一是来自主体自身的发展需求或利益；二是来自政策引导和外界环境的影响；三是来自主体需求和外界推力的共同作用。同时也要看到，在内生动力不足的情况下则需要依靠外在动力，并将外在推力转化为内生动力，共同促进集体协同的生成。集体协同必然需要建立在行动合理性和社会约束性的基础之上，以解决德育系统面临的制约合力形成的种种障碍。集体协同让单独个体在协同创新实践中重塑了自身的主体性存在，并提升了自身的身份认同，“主体间在集体实践活动中共享他们对价值目标的理解，通过积极对话、持续反馈的交往行动，不断达成目标一致性”①。作为整合不同个体的意识分歧的重要协同模式，集体协同提供了结构化的组织性特征。正是在集体协同中，主体获得了对共同价值目标的清晰认识，明确了自我的行为动机，并在集体协同中拉近了与共同价值目标的距离。

三、旨归：德育协同效应的激发

高校德育协同创新并非仅仅是作为高校德育系统优化的理路，其旨归是促成德育的协同效应。高校德育形态在诸多构成要素的相互作用、相互影响过程中，存在着遵循一定客观规律的动态平衡。如何更好地促进高校德育系统各要素的动态平衡，增强德育协同效应，是新时代落实立德树人根本任务的重要突破点。德育的核心议题主要是引导人的理想信仰、思想观念、政治观点、道德品质、人格品质和价值追求的形成和发展，这就意味着德育方式的多元化。高校德育的协同效应日益受到教育工作者的关注，从教育方式来看，可通过课堂理论教学、社会实践教学、校园文化育人等不同载体开展活动。高校德育系统的多要素存在，应充分调动不同要素的积极性，促成协同效应。高校德育协同创新就是探讨德育要素之间的关联以及彼此间的互动协作，不断提升高校德育实效性的问题。德育系统优化的目的在于使整个系统功能实现“1+1>2”的效果，事实上，高校德育协同创新不仅是对整体优化、要素互补的追求，更重要的是育人合力的体现，达到育人功能的协同效应。

高校德育的功能发挥需要从要素和结构出发，并根据高校德育功能发挥状况进一步探究德育价值的实现问题，即聚焦如何促进大学生全面发展这一主题。高校德育协同创新的功能发挥主要在于不同个体基于共同的育人目标以及共同的使命，发挥协同育人职能。协同创新作为一种发展理念，可以为高

---

① 任少波、楼艳：《论高校德育共同体的三重意蕴》，《高等教育研究》2018 年第 8 期。

校全体师生提供共享的价值目标，推动教育者与教育对象建立共同的价值观念，促使双方能够在认知和情感上产生共鸣，从而奠定协同育人的认同基础。高校德育协同创新目标是“育人”，围绕育人目标全面统筹各领域、各环节、各方面的育人资源和育人力量，形成更高水平的系统化德育体系；其方法是“协同”，即坚持问题导向，聚焦协同困境，协同发力，以系统思维、协同机制破解高校德育工作的深层次瓶颈问题。从系统的协同效应来看，当控制参量未达到一定的阈值之前，子系统间的联系较弱，各子系统的独立运动使得整体系统呈现无序状态。当控制参量到达一定阈值后，更多体现的则是相互关联运动，呈现出相互密切协作的关系和协同效应的促成，使得系统的运行由无序转为有序，进而逐步形成相对稳定的系统结构。

从词性来看，“效应”是一个中性词，然而，依照不同性质或程度可分为有效与无效、高效与低效、正效与负效、长效与短效等多种情况。高校德育协同创新功能的有效发挥体现为正效、高效和长效效应。高校德育协同创新完全有可能在不长的时期内产生一定的育人效果，但更为重要的是德育系统能否发挥正效、高效、长效的协同效应，因而需要系统的整合机制发挥作用。首先，方向性是实现高校德育协同创新正效效应的前提。如果方向有误，那么协同合力越大其消极影响也越大，破坏性就越强。因而需要坚持社会主义政治方向，规范德育系统要素按正确的方向运行。其次，整体性是实现高校德育协同创新高效效应的关键。若干事物按照某种方式相互联系而形成系统，就会产生系统整体具有的新性质，这种非加和的新性质只能在系统整体中表现出来。因此，高校德育协同创新应重视整体顶层设计、系统规划和全面推进，才能更好地发挥整体涌现的协同效应。再次，制度性是实现高校德育协同创新长效效应的保障。高校德育协同创新的功能发挥不仅要体现正效、高效，在时间上还要追求长效。长效的实现不仅仅需要从技术层面进行优化，更需要在机制上进行优化，坚持制度性原则，通过制度建设保障机制作用的长效性发挥，最终实现正效、高效和长效效应的相统一。

总体来看,高校德育协同创新的概念要义随着时代发展而不断更新、丰富、深化。高校作为党和国家培养人才的主阵地,培养时代新人是新时代赋予高校的历史使命。高校需要建构高校上下“一盘棋”,建立“一体化”的德育体系,以多元视角和系统思维优化运行机制,减少和抑制德育系统各影响因素之间的内耗,解决各要素之间耦合的问题,以达到构建德育协同创新长效机制、提高整体工作质量的目标。高校德育协同创新是德育实践活动的内在要求,德育各要素只有相互耦合、优势互补、协调发展,才能实现育人合力。高校德育协同创新实质反映了开放的德育系统随社会变化发展而对其“结构—功能”的不断调整,其实践要求与德育发展规律具有契合性。可见,高校德育协同创新既是“黏合剂”又是“催化剂”,将分散化的德育资源转化为一体化的德育资源,推动高校德育系统性、整体性、协同性战略布局的形成、实施与完善。

第三节　高校德育协同创新的理论资源

“理论以思维逻辑和概念框架的形式为人们提供历史地发展着的思维方式,从而规范人们如何去把握、描述和解释世界。”①高校德育协同创新研究也是如此,有其理论资源,需要自觉运用科学理论为其提供指导和借鉴。长久以来,高校德育研究通常是借鉴发展较为成熟的学科的理论视域或逻辑框架来进行研究。高校德育研究吸收了来自教育学、伦理学、政治学、心理学等多方面的研究成果,注重把握德育研究的前沿问题,形成了多学科视域下高校德育理论与实践模式。在学科建设方面,搭建以马克思主义理论学科为核心,涵盖哲学、教育学、管理学、社会学及相关学科在内的马克思主义学科群,有助于不断巩固和强化马克思主义理论学科的领航地位。高校德育协同创新研究是对

① 孙正聿:《理论及其与实践的辩证关系》,《光明日报》2009年11月24日。

德育实效性问题的现实回应，不仅关涉学科发展的理论问题，更是对德育实践的关注。随着德育主体日益增长的发展需求以及国家社会发展的人才需求，高校德育协同创新需要拓展研究视域，从学科交叉视域中使得德育汲取其他学科的理论营养。“多学科研究的形成与发展是由高等教育的复杂性决定的。”①高校德育系统也有其复杂性，必然有丰富的理论资源，以提升对德育现状和走向的认识。本文通过借鉴马克思主义德育理论、中国传统哲学的协同思想、协同学理论等去探索高校德育协同创新的理论和实践问题，透过这些不同的理论资源和思维范式，以期进一步推进高校德育协同创新发展。

一、马克思主义德育理论

高校德育协同创新研究离不开马克思主义德育理论的支撑与方法论指导，从而在根本上确立其性质与方向。党的二十大报告强调：“培养什么人、怎样培养人、为谁培养人是教育的根本问题。”②立德树人是高校的根本任务，是发展中国特色社会主义教育事业的核心所在。从人类社会的德育发展来看，是伴随着教育发展而共同发生。与西方国家不同，我国长期以来所实施的德育，是广义的德育。③ 中国特色德育概念的形成有其特定的社会历史根源，“大德育”的概念也由此形成。④ 可以看到，在大德育概念中，包括思想教育、道德教育、政治教育、心理健康教育和法制教育等。

在德育研究的相关著作中，深入阐释了德育的价值与目标、本质与功能、过程与方法等内容。有学者认为，德育价值取向经历了从政治立场到经济解释再到人学转换的阶段，使德育回到了原初的本质——育人，并直接影响着德

---

① 包水梅：《高等教育多学科研究的解读与反思》，《高等教育研究》2013 年第 5 期。

② 习近平：《高举中国特色社会主义伟大旗帜　为全面建设社会主义现代化国家而团结奋斗——在中国共产党第二十次全国代表大会上的报告》，人民出版社 2022 年版，第 34 页。

③ 参见陈桂生：《德育引论》，华东师范大学出版社 2018 年版，第 210 页。

④ 参见冯建军：《学校德育》，科学出版社 2018 年版，第 156—158 页。

育目标的生成和德育实践的价值选择。① 有学者从个体在社会生活中追求其属人的精神性和精神性生活的角度探讨德育的本质，并将德育功能总结为社会性功能、个体性功能和教育性功能，社会性功能主要指德育在何种程度上发挥政治功能、经济功能、文化功能等；个体性功能体现为德育对个体生存、发展、享用发生影响的三个方面；教育性功能实质上是整个教育活动精神本质的实现。② 德育本质的回归具有超越性，“成为一种驾驭物质与经济发展的力量”③。这些富有新意的阐释，对认识和解决人的思想、行为与实际问题具有重要指导意义。在德育过程的研究中，有学者指出，德育过程是教育者施教传道和受教育者受教修养相互作用的过程，体现为实践过程、主体性过程、系统性过程。④ 此外，多样化的德育方法、科学化的德育评价等对认识德育规律以及加强高校德育管理都具有重要意义。

马克思主义德育理论作为一个开放的体系，随着时代发展而不断丰富。有学者强调，新的德育理念包含了三个相互关联的思维原则，“即历史性原则、创新性原则和实践性原则”⑤。也有学者认为，现代大德育的容量更为丰富，以此为基础，构成了现代德育思维方式的逻辑体系，即体现为以人为本、导入生活世界、知行统一新概念、效益的张力和可持续性这四个逻辑支点。⑥ 总结改革开放以来我国德育研究的基本经验，有学者指出，德育研究逐步走向科学化人本化、在多元价值观背景下始终坚持社会主义主导价值观和爱国主义教育的主旋律、传统德育思想研究的现代化以及国外德育理论研究的中国化等。⑦ 可以看到，社会变革是德育发展的根本原因所在，随着时代发展，德育

① 参见冯建军：《学校德育》，科学出版社 2018 年版，第 29—37 页。
② 参见檀传宝：《德育原理》，北京师范大学出版社 2017 年版，第 69—83 页。
③ 鲁洁、夏剑、侯彩颖：《鲁洁德育论著精要》，福建教育出版社 2016 年版，第 5 页。
④ 参见王荣德：《现代德育论》，中国社会科学出版社 2016 年版，第 188—189 页。
⑤ 冯刚：《高校德育理念的创新与发展》，《学校党建与思想教育》2006 年第 2 期。
⑥ 参见张澍军：《德育哲学引论》，中国社会科学出版社 2008 年版，第 42—50 页。
⑦ 参见张忠华：《传承与超越：当代德育理论发展研究》，光明日报出版社 2015 年版，第 13—15 页。

从传统社会背景置换到现代社会背景中，马克思主义德育理论逐步深化和拓展，为创新德育实践提供了重要理论基础。

正如有学者指出，“马克思主义哲学是德育行为实践的认识论基础”①。随着德育研究的深入，“人的主体意识”的价值逐渐得以彰显。马克思主义关于人的本质、人的主体性、人的需要等思想为研究主体性德育提供了重要理论基础。现代德育日益重视人的全面发展，无疑是对个体主体性的尊重与重视。促进人的全面发展就是解放和激发人的创造力，就是使人将正确的政治方向与个体的能力素养有机结合起来。相对于依赖性、被动性而言，人的主体性体现了在现代社会背景下人的鲜明的自主自立意识和能动创造精神。现代社会处于开放和变革的时代，现代人的本质特征体现为：崇尚人格独立，具有自由和平等的价值观，具有理性、自律、责任意识、创造精神等。② 实际上，现代人的本质特征是人的主体性发展的呈现。人的行为的动力源自人的内在需求。因此，需要强调和重视人的发展需求，重视挖掘人的潜能和创造力，彰显人的尊严和价值，促进人的自我实现。当然，也要看到应避免片面强调个人需要，以至于把个人价值与社会价值割裂开来，否则偏离了马克思主义德育理论的本质要求。坚持以人为本、注重发挥人的主体性和关照现实生活等能够恰当表达现代德育对人的发展的现实关切，使德育真正成为促进人全面发展的实践活动。

二、中国传统哲学的协同思想

一个国家和民族的强盛，离不开文化的兴盛。习近平总书记指出，中华优秀传统文化是“中华民族的基因”“民族文化血脉”和“中华民族的精神命脉”。文化作为“软实力”已成为民族凝聚力和创造力的重要因素。中华文化

① 张澍军：《德育哲学引论》，中国社会科学出版社2008年版，第11页。

② 参见成有信：《现代教育论集》，人民教育出版社2002年版，第350—351页。

博大精深，蕴含着丰富的德育思想。李泽厚认为，中国哲学主要体现的是伦理哲学，这实质上也为德育研究留下了宝贵遗产。

在中国传统哲学中，“协同”思想古已有之。在《社会科学大词典》对“协同”一词的表述中将协同也称为协作。在中国传统哲学中，“协同”一词表达了协调一致、团结统一等含义。如，《易传》中指出，“一阴一阳之谓道”；《汉书·律历志上》中有“咸得其实，靡不协同”；《乐府诗集》中有“协同内外，混一戎华”，等等。人并非孤立而存在，而是在现实生活中互动交往式存在，需要在关系视域中去认识。我国古代的思想家、教育家荀子也认为：“人之生也，不能不群。”在社会生活中，人与人之间离不开交往、交流。儒家哲学主张人的关系性存在，更多地强调内在价值的修养在社会关系中促进自身与他人的友善、和谐相处，这是儒家哲学为当代德育提供借鉴价值的重要思想。在中国文化经典中，以伦理为中心的中国文化对人生、对世界的认识构建了家国天下的思想体系。

中国传统文化对“和”与“同”、“同”与“异”的思辨论析，体现了和而不同、求同存异的思维。西周末年的史伯论述了“和”与“同”的含义，认为“万物都是由不同事物和合而成，而不是由同类事物凑合在一块”①。可见，和而不同集中体现了中国传统文化的和谐、包容精神，也印证了矛盾双方的对立统一推动着事物的发展。高校德育协同创新研究应当深入挖掘中国传统文化所提供的丰富的思想资源。系统的要素构成多样化，尊重要素的差异性存在和追求系统要素之间的协同关系是系统优化的前提。对高校德育协同创新而言，包容的文化有助于提升主体的协作氛围和创造潜能。中国传统哲学关于协同的思想、观点，以及将其运用于多个领域的实践之中，都有其独到之处。中国传统哲学蕴含的协同思想，在与现代科学的互动中得以传承与发展。

可见，中国传统哲学的协同思想彰显了兼容并包、和谐共生的价值追求。

① 肖萐父、李锦全：《中国哲学史（上）》，人民出版社1982年版，第57页。

高校德育协同创新研究从中国传统哲学的协同思想中获得了重要的思想资源。一是作为思维方式，中国传统哲学的协同思想体现的是整体性、辩证性、协作性思维。二是作为价值规范，在思维方式的基础上，规范着整体的运行方式和运行秩序。“辩证地继承中华民族传统文化，就是要顺应时代的需要和未来的发展趋势，本着中华民族传统文化的根本，传承中华民族文化基因”①。因此，中国传统哲学的协同思想需要创造性转化，注重主体性的自主意识与创造意识，才能更好地为当今高校德育协同创新提供有益借鉴。

三、协同学理论

作为系统科学的分支，协同学理论在创立过程中，吸收了诸如系统理论、信息理论、突变理论等研究成果，从微观到宏观，阐释了复杂系统有序结构的形成规律。协同学理论的创立者哈肯教授认为，协同学理论即“协调合作之学”，主要研究开放的复杂系统形成有序结构的普遍规律。② 哈肯教授致力于协同学理论的发展，并将协同学理论应用于其他学科领域。

协同学理论的内容主要包括序参量、随机涨落、自组织原理和协同效应等方面。其一，序参量的产生。序参量来源于“系统的集体运动或集体行动”③，序参量对系统要素的行为具有役使作用，从而使系统要素服从于序参量所决定的系统宏观结构，并促使系统在宏观上形成新的有序状态。协同学理论认为，在系统演化进程中，影响系统从无序走向有序、从低序走向高序的支配性力量就是序参量。系统在临界状况时，序参量发挥着决定性作用，推动着系统

① 王鹤岩、张志顺：《辩证继承中华民族传统文化中的德育资源》，《哈尔滨工业大学学报（社会科学版）》2019 年第 5 期。

② 参见［德］赫尔曼・哈肯：《大自然成功的奥秘：协同学》，凌复华译，上海译文出版社 2018 年版，第 2 页。

③ ［德］赫尔曼・哈肯：《协同学：理论与应用》，杨炳奕译，中国科学技术出版社 1990 年版，第 53 页。

从旧质向新质的转变。其二,随机涨落。体现为把系统的宏观量的瞬间值时常会偏离其平均值而产生的起伏现象称为随机涨落。其三,自组织原理。反映为系统在相变前后的一定外部环境条件下,系统变化是由内部自身按照某种规则组织起来的结构,并通过各种信息反馈来强化这种组织的结果。其四,协同效应的形成。从协同学理论来看,在特定条件下,子系统间可以通过非线性相互作用形成协同效应,使系统具备各独立子系统所不具有的性质和功能,并形成新的整体系统的质的规定性,进而实现要素流动与系统有序运行。协同学理论的主要内容及其内在机理,为研究复杂系统提供了重要思路。

如何突破传统科学中线性思维所带来的限制?显然,在系统科学广泛运用的今天,协同学理论超越了线性系统的整体观,并在多领域的应用中淡化了学科的应用背景。协同学理论虽最早来源于自然科学,但它的应用领域并不仅限于自然科学。协同学在其他学科、其他领域的研究成果表明,一些社会系统与自然系统有着相似的结构和运行过程。协同学理论中强调的各子系统之间相互影响、相互制约、相互作用,并由序参量来支配系统的整体运行,这些都需要置于系统中去考察。协同学理论是基于开放的复杂系统的研究,是以复杂科学理论为基础的认识论和方法论。协同学理论的许多原理对高校德育协同创新研究具有重要的理论借鉴,如协同学的伺服原理认为,系统的演化主要受序参量和状态变量的影响,相比较于状态变量,序参量在系统中起着主导作用,对子系统的行为进行支配,进而影响系统的宏观结构以及运行状态,而其他对系统有所影响但未形成决定因素的变量则被称为状态变量。在高校德育协同创新中,序参量体现为两个重要方面,即协同创新参与主体和协同创新育人机制,而状态变量体现为育人目标整合、育人内容互融、育人方法贯通等。实际上,协同学理论的思维方法和认识理路对高校德育协同创新研究不仅是在认识论上,而且在方法论上都提供了新的思路。

从认识论角度来看,不同于注重研究系统实体性、简单化的还原论思维,协同学理论认为系统协同效应的形成并不等于各个子系统或组成要素功能的简单加和。哈肯认为,复杂系统协同作用的模式和整体性由非线性关系制约,从而使系统的形态演化出现多种选择、多种方向。协同学理论对熵值、混沌、不确定性有着独特研究,并在社会科学领域逐渐推广和应用。从方法论角度来看,协同学理论重点研究开放的复杂系统中各要素之间如何协作并促成系统的有序结构。复杂系统内部要素之间的非线性作用产生的自组织性、协同性,为理解复杂系统的运行提供了重要的方法论,尤其是系统的开放性、非线性、序参量、役使原理、自组织原理等阐释了复杂系统如何形成有序结构的重要成因。协同学理论注重研究系统的开放性、关系性、协同性,在对复杂系统有序结构形成的研究中,进一步拓展了系统的开放性和整体性思维,并形成注重要素之间非线性相互作用的协同性思维。

协同学理论研究的开放的复杂系统、非线性的运行方式、竞争与协作的组织结构等与高校德育系统在本质上有着很强的适切性。协同学理论认为,系统之所以能够从无序到有序状态,其前提是开放性。① 高校德育作为开放的复杂的系统,需要协同多元育人要素,只有把理论研究与实践研究结合起来,才能共同推动德育的科学发展,并促使德育实践的有序、创新开展。"科学方法和理论的进步不是在消除复杂性,而是在不断发现复杂性现象"②。借鉴协同学理论,将高校德育协同创新看作是有机系统,既要探究其要素构成、结构与功能,也要考察它们之间的协同方式与过程,从而不断促进整个德育系统协同效应的形成。高校德育协同创新无论是在理论维度还是在实践维度,都需要遵循德育发展规律。高校德育协同创新需要破除理论与实践之间的藩篱,在理论与实践的整体性互动中促进德育实践发展。一方面,要强化科学的德育理论对实践的指导作用,善于使用理论指导实践;另一方面,要发挥德育实

① 参见 H.Haken, *Information and Self-Organization: A Macroscopic Approach to Complex Systems*, New York: Springer-Verlag, 1988。

② 李恒威:《"生活世界"复杂性及其认知动力模式》,中国社会科学出版社 2007 年版,第 3 页。

践活动对理论研究的深化作用，将德育实践经验提炼、升华为新的理论，增强理论研究的深度。高校德育注重在开放、创新、共享中不断完善德育体系，这就要求在高校德育协同创新理论与实践中注重理论借鉴和拓展视野。高校德育系统的复杂性是不可避免的客观存在，要认识到其复杂性是其创新发展的契机，进而采取更为开放性的理念、更加系统性的视角，对高校德育协同创新开展整体性的研究和创新性的考量，探寻高校德育转型发展的规律和趋势，在明确德育目标、拓展德育内容、创新德育方法以及激发人的主体性的过程中，提升德育的实效性。

高校德育协同创新的功能发挥不仅取决于德育系统的要素构成，同时也取决于德育系统各构成要素之间的相互关系。从静态的要素构成角度来看，高校德育系统是作为一个整体结构独有而子系统及各要素不具有的结构特征和整体表征，其结构和规模往往以量化的形式存在，如师资规模、课程总量等。从动态的发展演进角度来看，高校德育系统在运行过程中呈现出的功能变化和整体属性，往往是难以量化的，如运行规律、协同机制等。协同学理论从整体、协同和动态上分析复杂系统的要素联系和发展规律，摆脱了传统还原论、机械观的束缚，对包括高等教育系统在内的复杂系统管理产生了重要影响，也为高校德育系统优化提供了新的理念和方法论。高校德育系统各要素相互之间的关联决定了德育系统的运行状态。运用协同学理论研究高校德育系统，实质上是在系统层面下研究如何认识和提升高校德育整体实效的问题，对于高校德育系统改善信息对称、促成各要素耦合以及系统有序状态的形成有着积极作用，通过对高校德育结构的优化、德育资源的整合，促进高校德育过程中各要素最大限度地协同与整合，不断强化德育系统的整体功能。可见，将协同学理论引入高校德育协同创新研究之中，有助于不断优化高校德育体系。

综上所述，马克思主义德育理论、中国传统哲学的协同思想以及协同学理论为高校德育协同创新研究提供了丰富的理论资源。社会主义现代化建设离不开人的全面发展，而人的全面发展需要有科学的理念引领和切实可行的教育实践。潘懋元教授在其著作《多学科观点的高等教育研究》中指出："高等教育学的独特的研究方法可能就是多学科研究方法。"①也正如伯顿·克拉克所言，"没有一种研究方法能揭示一切，宽阔的论述必须是多学科的"②。高校德育研究也不例外，跨学科研究开辟了高校德育研究的新领域，有助于拓宽德育研究的学术视野，有助于解决德育研究中的复杂问题。同时，需要注意的是跨学科研究不能忽视本身的独特性。高校德育协同创新研究需要尤为关注其理论与实践的相关性，旨在解决综合、复杂的德育实践协同问题，否则就丧失了其研究的价值。高校德育协同创新研究应重视方法论导向，"应有意识地将复杂思维、系统理论等作为寻求知识的方法"③，并在此指导下推进德育系统的完善和优化，使之发挥育人的实效性。对于高校德育协同创新研究既要吸取马克思主义德育理论、中国传统哲学的协同思想、协同学理论的重要思想，又要把握其自身发展的独特性、规律性，还应在梳理高校德育协同创新的演进与发展中阐释高校德育协同创新的逻辑构架，并将其置于时代和实践之中进行综合考察。

---

① 潘懋元：《多学科观点的高等教育研究》，上海教育出版社2001年版，第4页。

② ［英］伯顿·克拉克：《高等教育新论——多学科的研究》，王承绪等译，浙江教育出版社2001年版，第2页。

③ 程红艳：《当前学校德育理论研究之反思与展望》，《教育研究与实验》2016年第1期。

第二章　高校德育协同创新的历史演进

马克思指出,“人类始终只提出自己能够解决的任务,因为只要仔细考察就可以发现,任务本身,只有在解决它的物质条件已经存在或者至少是在生成过程中的时候,才会产生”①。对高校德育系统的发展演进而言,也是如此,有其历史条件性。高校德育形态的演进是在既有的前提下生成,并在演进中不断超越自身已有的形态,在不同阶段有着不同的形态和功能。从“德育功能与中国德育理论和实践的发展”来看,檀传宝教授从“昨天”“今天”“明天”梳理了德育功能的历史脉络。“昨天”主要是指新中国成立后到改革开放前这段时间,主要体现的是单一的政治功能;“今天”指的是改革开放以来相当长的一段时间,德育功能呈现多元化,但存在的问题是德育功能的无限罗列、无序排列;“明天”即理想、科学的德育功能观,回归德育功能的本来面目和开展扎实有效的德育实践。②

新中国成立后,高校德育体系的传统集体主义向度首先立足于当时的宏观政治环境和高校德育的实际需要。在特定的历史条件下,体现的主要特征是集体本位,在一定程度上影响了个体主体性的发挥。改革开放后,高校德育

① 《马克思恩格斯文集》第 2 卷,人民出版社 2009 年版,第 592 页。

② 参见檀传宝:《德育原理》,北京师范大学出版社 2017 年版,第 73—83 页。

系统化发展逐步深化，为我国高校人才培养提供了重要支撑，然而，也存在德育要素之间、子系统之间难以协同的难题，高校德育系统优化呼吁协同创新理念的出场。新时代背景下，高校德育系统化发展进入了新的阶段，高校德育协同创新的推进是对高校德育研究的深化，体现了对高校德育发展规律的认识。高校德育协同创新的出场，一方面是观念、思维、方法的创新体现；另一方面是德育模式扬弃传统的呼吁增强。实践表明，高校德育系统优化具有与时俱进的特征，在其演进的过程中，其要素、结构、功能等有所不同，只有不断调整、优化高校德育系统，才能适应时代发展和增强整体育人实效。因此，从整体上梳理高校德育协同创新的历史演进，尤其是把这个议题置于中华人民共和国成立以来的时空条件下加以考察，并面向当代社会发展需求探求高校德育协同创新的趋势与走向有其重要意义。

第一节　高校德育体系的传统集体主义向度

有学者认为，新中国的成立是中国德育理论发展史上的一次重大标志性事件，此后德育理论研究在数次重大的转折和变革中，推动了自身的探索创新和发展完善。[①] 新中国成立后，逐渐从巩固人民政权转移到经济建设、文化建设，因而迫切需要更多具有先进思想政治素质和扎实专业技术的人才投入国家的建设事业中。在传统集体主义语境下，立足于集体本位，传统集体主义成为了当时高校德育体系构建的重要思想基础。

① 参见叶飞：《德育理论的中国探索与转型之路（1949—2019）》，《南京师大学报（社会科学版）》2019 年第 4 期。

一、新中国成立到改革开放前高校德育体系建设的探索

马克思指出:“不是意识决定生活,而是生活决定意识。”①马克思主义坚持从物质生活的生产方式出发分析人类社会的一切精神现象。为此,考察中国传统高校德育体系的特征,需要从当时社会的生产方式和交换方式中去寻找其根源,并探究社会的制度结构和伦理结构对德育价值目标的形塑。从教育学层面来讲,“模式”这一概念是“研究教育现象、解决教育实际问题的一套模型,或者说是一套思想体系或思维方式”②。高校德育模式必然也是由具体的现实社会生活所决定的、所制约的。高校德育系统的演进需要放置于一定的社会历史条件中去考察,要与客观历史背景相结合。在中国传统文化中,对德育的重视,以及以伦理组织社会是其显著特征。③ 因而在传统意义上,德育思想和观念通常是以风俗习惯形式存在于人们的生产、生活之中。制度化教育产生以后,德育逐步独立出来,并不断强化其价值。

新中国成立以来,我国学校德育实践的重要经验就是坚持中国共产党的领导、坚持社会主义方向,体现了我国德育的社会主义性质。新中国成立初期,我国采取了“一边倒”的外交政策,即倒向以苏联为首的社会主义阵营的方针。在这一背景下,我国高校德育体系的构建总体上是学习苏联的德育经验,具有一定的封闭性。自新中国成立至改革开放前,传统德育的泛政治化的现象和德育考核的应试化导致德育实效性的缺失。首先,传统高校德育泛政治化特征突出。这一阶段高校德育的泛政治化现象主要表现为把国家意志等同于学生的成长成才需求。客观而言,若德育目标只是国家意志、社会期待而尚未与学生的现实成长需求相结合时,那德育目标只是以外在的形式呈现。

---

① 《马克思恩格斯选集》第 1 卷,人民出版社 2012 年版,第 152 页。

② 易连云:《“中国特色德育模式”理论建构中的方法论导向》,《教育学报》2018 年第6 期。

③ 参见梁漱溟:《中国文化要义》,上海人民出版社 2005 年版,第 20—21 页。

对大学生而言,外在的国家发展需求只有与内在的个体成长需求相结合才能实现德育的“入耳、入脑、入心”。德育具有明显的意识形态性,无疑具有政治教育的功能,但也要看到,德育还有其他诸多功能,共同促进个体的全面发展。若将德育泛化为政治功能,而对道德教育、心理教育等不加重视,忽视德育与个体成长需求的关系,忽视德育与社会生活的广泛联系,则不利于学生的全面发展。其次,传统高校德育的知识化倾向。德育的知识化导致了用德育知识的传授与掌握代替真正意义上的德育,受教育者被动接受教育,教育者与受教育者之间缺乏思想碰撞和交流,在此背景下,德育活动则容易成为空洞的说教和机械的教育。传统德育以抽象知识的既定社会规范为内容,以单一化的德育知识教育为教育方式,这种教育方式脱离了德育的真正价值目标。

传统高校德育体系大都在目标定位、内容上过于强调工具性目标而忽视了受教育者的多层次需求,影响了受教育者在情感上的认同,从而造成受教育者难以将德育内容内化于心,德育实效也就不可避免地陷入困境。不难发现,新中国成立后,由于经济水平和社会分工并不发达,在个体与集体的关系上,体现的是集体本位。

正如有学者指出:“新中国初期思想政治教育从总体上属于一种全面主义、社会本位、权威主义的思想政治教育模式,它主要采取以党和政府为主导,通过自上而下方式,以专门机构为主体协调,以社会动员为主要方式,以说理教育为主要方法,调动各个方面力量和资源,共同促进教育对象思想政治发展的模式。”①这期间在全国展开了改造旧教育、建设新教育的工作,同时,对学校德育也提出了新的要求。在提倡“爱祖国、爱人民、爱劳动、爱科学、爱护公共财物”的教育方针政策的基础上,吸收了苏联的德育经验,在理论和实践方面逐步创建了以马克思主义为指导的新中国德育体系。与资产阶级关于道德教育理论不同,它是在科学地阐述了德育的本质、德育的阶级性、德育的社会

① 佘双好:《新中国70年思想政治教育模式发展的内在理路》,《南京师大学报(社会科学版)》2019年第4期。

作用等基本理论问题的基础上，构建起来的马克思主义德育理论体系。在当时的时代背景下，对旧德育模式改造具有重要意义，体现出一定的系统性、先进性的特征。然而在具体实践中，由于在一定程度上对马克思主义的教条化的认识和理解，致使把阶级斗争作为德育的重要组成部分，强化阶级斗争教育，并把参与社会政治运动作为高校德育的一种重要形式，走上了泛政治化的道路。这一阶段的高校德育体系以服务政治为目的，在日常社会生活和学校德育过程中，往往持一种政治的视角来认识德育问题，围绕政治工作进行构建，“过多地强调阶级性和工具意识”①，具有明显的时代烙印，与新中国成立初期巩固新生的社会主义政权的政治需求相适应。

由此可见，新中国成立到改革开放前高校德育体系的传统集体主义向度与当时的宏观政治环境相适应。从改革开放之前德育背后的社会基础来看，集中体现为计划经济体制和相对封闭、高度政治化的社会环境，高校德育内容的政治性比较浓厚，“政治成了时代的主题，政治教育一度成为德育的代名词”②。如此一来，德育目标主要围绕政治任务和社会建设，德育方式主要依靠行政力量自上而下推动。然而，人的需求具有多样性，具体包括物质需要、心理需要、精神需要、政治需要等等。社会越发展和进步，人的需求层次往往越丰富。实践性是高校德育的重要特征，也是反映德育效果大小的依据。只有通过多样化、丰富的德育实践活动，才能把价值规范内化于品行，实现从他律到自律的转变。同时也要认识到，高校德育体系的构建只有建立在理性认识德育运行内在规律的基础上，才能达成预期的德育目标。新中国成立初期，由于在德育目标、内容等方面片面强调德育的政治性，在德育方式上漠视了人的主体性的灌输式德育，导致在个人与集体、义与利等社会关系处理方面存在一定的冲突。由于人是社会的人，具有社会性，而社会又是由人构成，因此，人的价值判断、价值选择不仅仅局限于站在个体的角度考虑问题，同时也要站在

---

① 杜时忠、孙银光、程红艳：《德育研究 70 年：回顾与前瞻》，《教育研究》2019 年第 10 期。

② 冯建军：《学校德育》，科学出版社 2018 年版，第 158 页。

社会角度考虑问题。无论从社会价值还是从个体价值的角度看，高校德育最终目标都是为了引导和促进大学生全面发展的教育实践活动。

二、组织化实施中的主体性矛盾

纵观新中国成立到改革开放前高校德育体系的传统集体主义向度，可以发现，在高校德育的组织化实施过程中，主要依靠组织力量自上而下推动，在一定程度上隐含着与人的主体性之间的矛盾。在新中国成立之初，新政权领导下的高校德育在体系构建上及时地反映了新政权的要求。在特定的历史条件下，传统的高校德育模式偏重于服务社会经济发展需要，集中体现为传统集体主义的特征。“这种传统的高校德育模式因其忽视了人的自主性和创造精神，而致使德育丧失了自我”①。可见，在计划经济体制下，人的能动性和创造性难以得到充分体现和发挥。

以集体本位为主要特征的传统高校德育形态，强调“大我”优先于“小我”的价值排序，在一定程度上忽视了个体的主体性发挥。“在传统的计划经济体制下，再加上长期封建主义的影响，中国人的个人主体意识和主体地位相当薄弱”②，基于此，新中国成立到改革开放前的高校德育体系，体现了传统的价值伦理取向。传统高校德育体系在价值取向上固然存在过分偏重集体主义和政治价值功能而忽视个体利益保护和个体价值功能的弊病，但如果完全以西方国家追求的以个体主义为价值取向，以培养个体主义至上的人为目的则又可能走向偏离集体主义、过分强调个体价值功能的轨道。因而，在肯定传统集体主义特征重要价值的同时，也要看到“个体缺场”对德育个体主体性发挥的影响，它忽视了德育个体在德育活动中的重要角色。德育不仅体现为人的个体利益的实现，也体现为个体活动的社会化，实现人的全面发展。注重德育人

---

① 张俭民、董泽芳：《对话德育：高校传统德育的困境与超越》，《教育科学》2017 年第 2 期。

② 王啸、鲁洁：《德育理论：走向科学化和人性化的整合》，《中国教育学刊》1999 年第 3 期。

本化并不是对德育政治化的否定，而是使个人发展和国家发展统一起来，使德育更加符合大学生的发展规律，更加贴近大学生的全面发展。这一时期的集体主义价值取向明显且突出，其本质上是代表国家对个人实行的管理，强调集体利益对个人利益的绝对优先性。与此同时，高校德育体系的构建存在片面强调外在价值、社会政治价值，忽视本体价值、育人价值的情况，更多地体现为从社会需要出发，而对个体人的本位价值关注不够。在特定时代背景下，这种倾向对稳定社会发挥了一定功能，然而从长远来看，不利于个体的全面发展。

从上述分析来看，这一时期高校德育体系呈现一定的失衡状态，即重集体利益轻个人利益、重宏大理想轻生活理想。尽管社会生活强调集体价值的彰显，但这并不排斥、否定个体主体性的发挥。马克思主义哲学非常重视教育与人的发展之间的内在关系，认为人是实践性的价值主体，一切形式的教育最终都是为了促进“每个人全面而自由的发展”。“以人为本”是德育的哲学本体论内蕴，人的全面发展是德育的价值旨归，它克服了传统德育理念过于政治化的倾向，为德育主体的价值塑造注入了强大的原动力，使德育主体的人生价值和意义变得更为鲜明，并最终影响德育主体的身心发展。可以说，人的发展是一切教育活动的本体价值。大学生的成长成才是建立在个人、高校、社会、国家等多重目标导向下的复合性需求的回应，而不是社会要求和国家期待的单纯需求。学生是德育培育过程中的直接受益者，学生德性的养成不仅满足了家庭、高校与社会需求的相统一，并且可以促使学生充分施展个体才能、实现人生价值。公共生活赋予了德育价值共识的形成。从高校德育体系的构建来看，一旦回归到合理性的德育价值诉求上，便容易在本质性的问题上达成德育价值共识。德育之所以能够在合理性的价值诉求上达成理解和共识，主要是因为德育的最终目的是为了人的全面发展。人的存在不仅是个性化的存在，也是社会性的类存在。整体价值中蕴含个体价值，个体价值中体现整体价值。在一般性德性要求方面，应以求同为价值指向；但是在个性化方面，则允许存异，这样才能够更好地将同与异辩证统一起来。

可见,在特定历史条件下,高校德育在组织化实施过程中的主体性矛盾在一定程度上影响了德育整体实效的有效发挥。探究高校德育体系的构建,不能回避现实的个体与德育的价值关系,即德育中个人价值形态的内涵,并在此基础上进一步探讨德育的群体价值、社会价值。传统德育强调思想理论的灌输,不仅忽视了教育者自身应具备的引导能力,而且对受教育者的主体性也重视不够,导致在德育内容和方法的选择上呈现出单调、单一的特征,因而在不同程度上造成了德育的弱化。从总体上看,学校德育还存在不少亟待解决的问题,如德育还没有形成一套科学化、系统化、规范化、相对稳定的体系,同时还不同程度地存在脱离学生身心特点和社会生活实际的现象。① 因此,高校德育体系的构建需要重视德育的系统性,注重激发个体的主体性,促进个体价值与社会价值的统一。

第二节　高校德育的系统化发展

改革开放以来,随着社会主义市场经济的发展,高等教育国际化逐步推进,对高校德育规律认识的深化以及对高校德育的系统化构建带来了重要契机。正如潘懋元教授在访谈时指出,20 世纪的 70 年代末、80 年代初,科学的春天到来,“科学的春天也就是高等教育的春天”②,他提出要研究、探索教育规律。高校德育体系构建也是如此,必须按照德育规律。“20 世纪 80、90 年代,整个德育理论研究领域开始进入了一个宽松的、快速的发展时期”③,这一时期,高校德育系统化、现代化开始着手建构,然而,它既不是从零开始,也不

① 参见詹万生:《整体构建德育体系引论》,教育科学出版社 2001 年版,第 9—10 页。

② 潘懋元:《对高等教育若干问题的思考——潘懋元先生访谈》,《西北工业大学学报(社会科学版)》2018 年第 2 期。

③ 叶飞:《德育理论的中国探索与转型之路(1949—2019)》,《南京师大学报(社会科学版)》2019 年第 4 期。

是从来就有的，而是生发于传统德育体系，发展于现代德育实践，尊重德育规律的体现。

透过社会发展的变迁，我们可以窥探高校德育系统化转向的重要缘由。发展性更多指向事物因其所处时空环境的不同而具有不一样的发展形态，是事物发展过程的动态体现。在现代化大背景下，德育自身的系统化如何生成、演进是德育研究的重要议题。将高校德育作为复杂系统，采用系统分析法探究高校德育系统，为其提供了有效理路。以往的高校德育模式倾向于从社会的整体发展维度看待德育模式，伴随改革开放的进程和德育的系统化、现代化发展，高校德育价值更彰显了立足个体的发展性需要。从这个意义上而言，高校德育形态会随着时间、空间的变化而不断发展，并产生新质使其更好地与特定阶段的社会发展相适应。从社会发展的角度来看，在高校德育体系优化过程中，必须重视对时代特征的把握。作为一种注重人和社会和谐共生的哲学思维方式，处于改革开放后新的历史时期，高校德育体系的优化已从原有的传统社会背景置换到现代社会背景之中。高校德育体系优化与时代变迁大体是一致的，出于对教育促进人的全面发展需要，这一时期的高校德育体系优化侧重于系统化发展。

一、改革开放初期高校德育的系统化构建

按照历史唯物主义的观点，社会发展规律不是预定存在的，而是形成、存在和发展于具体的社会历史活动之中，体现的是生成论，而不是预定论。改革开放后，中国实现了党的工作重心的转移，踏上了以经济建设为中心的社会主义建设道路。以经济建设为中心并不意味着经济建设是唯一，同时还需建设社会主义精神文明。其中，德育作为精神文明建设的重要组成部分、作为教育的重要内容，其功能日益凸显。在1978年的全国教育工作会议上，邓小平明确提出，学校应该永远把坚定正确的政治方向放在第

一位。

伴随中国经济社会快速发展,高等教育国际化进程日益推进,社会和个人对高校人才培养体系优化的需求也更为强烈。“教育要现代化,德育也要现代化。”①与此同时,党和国家进一步深化了对高校德育体系的认识。中国的改革开放进程是一个发展中国家不断进行赶超的过程,体现为从以先进科学技术为代表的器物层面的学习,再到以不同文化为代表的观念层面的借鉴。在这一过程中,也是充满各种矛盾和不断深化认识的过程。自改革开放后,随着社会主义市场经济的快速发展,社会观念日趋多样,在此背景下,人的发展需求也日趋多元。坚持改革开放,就是要拒绝抱残守缺的封闭思想,同时也要拒绝全盘西化的“拿来主义”。20 世纪 80 年代以来,由社会转型而带来的经济功利主义思想引起价值理性沦陷和工具理性放大,是一种不良的社会现象,诸如德育有什么好处、能否帮助解决就业等诘问,体现了德育的工具理性与价值理性的分裂,也必然引起特定历史阶段下德育体系构建的反思。在市场经济条件下,不同价值观念之间的矛盾和冲突逐渐显性化。随着改革开放和社会主义市场经济的发展,人的主体性不断增强,德育的系统化构建越来越引起重视。

改革开放后,开放的复杂性思维为高校德育的系统化构建注入了强大的动力。针对改革开放前德育过度意识形态化的倾向,以胡守棻、鲁洁、王逢贤、班华等德育研究者进行了深入探讨,通过对德育目标、内容、功能、方法等方面的重新界定,从价值论到方法论回归到德育研究本身。20 世纪 80 年代以来,高校建立了一批围绕产学研合作的高新技术产业开发区,通过高校与高新区的联合培养,无疑对大学生能力的培养具有重要意义。但这些联合协作更多是倾向于知识和专业技术领域,对大学生的综合能力培养和全面发展具有局限性。随着现代社会的发展和国际竞争的加剧,以及国家各项事业对人才培

① 班华:《近十年来德育思想现代化的进展》,《教育研究》1999 年第 2 期。

养的需求，迫切需要高校进一步完善育人体系。伴随改革发展的深入推进，高校德育体系较之于过去发生了巨大变化。随着教育领域从工具价值向目的价值研究的转向，促进了德育对人的自身、人的发展的关注，高校德育体系构建在强调社会价值的同时关注人的个体价值，这种转向源自我国社会主义现代化建设的伟大实践带来的主体意识的觉醒。在服务国家和社会发展进程中，高校德育体系应注重系统优化、创新发展，推进多元利益主体之间的有效沟通与互动，在新的矛盾中增强自身角色的主体意识，积极应对各种不确定性、复杂性等难题。

随着改革开放的深入发展和社会主义市场经济建设的全面展开，中国进入了以现代化为根本特征的深刻的社会变革时期，这对高校德育体系的系统化构建提出了新的要求。一方面，需要深化理论研究以应对来自西方社会思潮的挑战；另一方面，需要重构高校德育体系以应对党和国家工作重心转移到经济建设后对精神文明、思想观念的冲击。在党的十一届三中全会确定了“解放思想、开动脑筋、实事求是、团结一致向前看”的思想路线后，德育体系构建也进一步明确了指导思想，开始逐步探索适应社会主义现代化和社会主义市场经济建设的德育体系，进入规范化、系统化德育体系构建阶段。1996年10月，中共中央召开的十四届六中全会通过了《中共中央关于加强社会主义精神文明建设若干重要问题的决议》，其中提出要“加强思想道德建设，发展教育科学文化”，强调了社会主义道德建设。到2001年，《公民道德建设实施纲要》的颁布，则显示逐步形成了与发展社会主义市场经济相适应的社会主义德育体系。强调德育的制度化建设，无疑为高校德育体系的系统化、规范化构建指明了方向。

传统计划经济体制向社会主义市场经济体制的转变也激发了德育主体意识，促进了德育实践中个体价值缺失向个体主体意识觉醒的转变。总结改革开放后德育理论的发展趋势，表现出在科学化轨道上前进和人性化的倾向二者之间走向整合。[①] 对此，优化高校德育体系，应着眼大学生的全面发展，实现大学生素养和心智的全面提升，确保高校德育目标的具体内涵和社会主义意识形态的本质优越性相契合。在这一过程中，始终把德育放在首位，始终坚持德育的社会主义方向，注重个体能动性、创造性的发挥。时代进步、德育理论创新与实践发展，是引发高校德育变革的直接动力。就高校德育系统化推进的过程来看，一方面体现为研究方法上的实践取向，如更加注重从生活、实践以及微观的层面对德育主体及其生活实践进行深入探究；另一方面则体现为以理念创新为指引进行德育系统化的构建，这一切正是高校德育体系构建融入“现代性”发展的变化。改革开放以来，高校德育体系在科学化、系统化和规范化方面取得了显著进展，面对新形势和新要求，高校德育体系构建必须坚持改革创新。高校德育体系构建的整体谋划、系统设计、协同创新，既注重高校德育系统内部优化，同时又推动全社会关心支持高校德育工作，是推动高校德育高质量发展的一条重要经验。

高校德育的系统化构建体现了高校德育演进过程中反映出来的时代性特征，体现了高校德育系统优化的现实需求。如何使高校德育工作水平和实际效果得到进一步提高，迫切需要各德育部门、环节或层次共同组成一个有统一目标、有系统结构、功能互补的高校德育系统工程。[②] 作为社会实践活动重要形态的德育系统化发展，其形成、存在和发展规律就寓于德育活动发展之中。高校德育系统化的构建、存在与发展是一个历史发展过程，对不同历史阶段存在的不同表现形式的梳理有助于对德育规律认识的不断深化，并且需要不断深化跨学科研究。跨学科研究是由高校德育系统的复杂性决定的。高校德育系统面临的问题在很多情况下不仅仅是教育领域的问题，它与政治、经济、文

---

① 参见王啸、鲁洁：《德育理论：走向科学化和人性化的整合》，《中国教育学刊》1999 年第 3 期。

② 参见吴倬：《建立结构合理功能互补的高校德育系统》，《清华大学教育研究》2001 年第 1 期。

化等因素有着密切联系。从研究性质看，跨学科研究是对高校德育研究中具体方法选择和运用的有益借鉴，是一种方法论。从研究起点看，跨学科研究更为强调高校德育的复杂性，以高校德育面临的问题所表现出来的复杂性、综合性为研究的出发点。从研究目的看，跨学科研究从不同学科视角出发对高校德育问题进行研究以求观点的碰撞，从而更深入、全面地分析问题，并从不同学科视角得出的不同结论的对比中选择问题解决的最佳策略，进而促进高校德育体系优化。从研究趋势看，跨学科研究在宏观上应是不断走向多学科整合的研究。因此，高校德育系统的优化需要顺应德育发展规律，跳出单一的学科范畴，从跨学科视域来思考、探究。

二、高校德育系统的协同性诉求

从协同学原理来看，需要将高校德育作为复杂系统进行分析。一是要分析德育要素、德育子系统的构成；二是要探讨德育要素之间、德育子系统之间的协同配合状况，促使要素、子系统在整个德育系统的结构下不断优化。如何认识德育的系统性、协同性，成为德育现代化转型发展过程中应予以回答的关键性问题。高校德育的现代化转型，本身就是克服传统的简单化、线性思维模式在德育实践中的阻碍，扬弃传统的非此即彼的德育模式，推进德育逐渐走向理论与实践统一、传统与现代结合的过程。因此，认清高校德育的系统性，意味着要破除以往传统的分散化的德育模式，形成系统性思维方式和范式，探寻高校德育系统内在的复杂关系和发展规律，促成其内部系统中各构成要素的有效协同，并将其与外部系统有机互动，共同围绕价值观念引导、意识形态安全、合格人才培养、精神文明建设等诸多教育任务相融合的教育过程。为此，建构具有系统性、协同性的高校德育体系是提升育人实效的重要保障。

然而，高校德育在注重系统化构建的过程中，存在德育要素之间、德育子系统之间难以协同的难题。如高校德育系统与外部系统之间的脱节，缺乏鼓励协同共生的文化氛围等,必然造成难以实现育人的协同效应,导致各主体难以实现协同的发展要求。高校、家庭和社会之间的互动对于大学生德育具有重要作用。现实中更多时候呈现的是“一对一”的互动现象,即学校与家庭、学校与社会、家庭与社会之间的互动较多,学校、家庭和社会之间的互动并未协同并形成强大的育人合力。若三者之间缺乏这种协同意识和协同实践,那么就谈不上学校、家庭、社会德育协同系统的构建。因此,高校一方面需要加强和家长的广泛联系,鼓励和支持家庭参与到学校德育工作中来;另一方面需要加强和社会的深入合作,推动社会力量对学校德育工作更大关注和投入。破解德育要素之间、子系统之间难以协同的难题,构建高校德育协同形态对于高校德育实践具有重要的现实价值,有助于推动德育系统的优化,进一步回应如何有效提升协同育人实效这一现实问题。

从显性教育与隐性教育的协同与实践来分析,二者的有效融合还相对薄弱。如与德育相关的师资、设施等都较为完善,而对于以文化环境、社会活动等为代表的隐性教育所需资源及其应用则相对不足,甚至存在一些形式主义的现象。从其背后原因来看,一是对显性教育与隐性教育的协同存在认知偏差,将二者关系简单理解为理论教育与实践教育的关系,或是课堂思政与日常思政的关系等,这种观念容易导致对隐性育人功能的重视不够。二是隐性教育的实施具有鲜明的社会特征,在各种实践活动中难以有效融入德育元素。隐性教育的实施,既要强调在供给侧进行统筹与设计,也要注重与学生学习生活需求相关的需求侧的德育资源开发与情景创设。

随着时代发展,高校德育系统优化呼吁协同创新理念的出场。正如有学者指出:“大学必须适应新时代的要求,将协同注入到创新理念之中去。”①高校德育体系构建亦如此,不能停留于简单化的思维,而要观照现代社会的复杂性现实环境,重视高校德育体系的系统性、协同性构建。高校德育系统不是简

① 别敦荣、胡颖:《论大学协同创新理念》,《中国高教研究》2012 年第 10 期。

单或单一化的构成,而是有其复杂性。一是结构的层级性,既有高一层级结构的子系统,又有低一层级结构的子系统,层级之间相互衔接,共同构成一种纵向的层级体系;二是结构的多面性,在同一层级的结构中,不同要素通过不同的作用关系形成多样性的结构。要素之间存在广泛的联动关系,这种联动关系既包括单向的要素之间联动,也包括综合的要素之间联动,体现在不同层次、不同子系统之间,可能是重叠或是交叉。高校德育作为复杂系统,本身处于开放、多元的社会环境中,单一的育人力量都不足以实现德育的任务目标,因而德育协同创新趋势逐步呈现。高校德育要走出现实协同困境,需要不断推进高校德育协同创新。概言之,在高校德育系统化推进过程中,如何在发挥传统优势的基础上实现德育系统的协同创新形态成为新时代高校德育科学化发展的题中应有之义。

第三节　高校德育协同创新的出场

随着我国"高等学校创新能力提升计划"的提出,"'协同创新'成为当下标志性的大学教育词汇,昭示着中国大学发展进入新的历史时期"①。有学者指出,"协同创新是在市场经济条件下,针对创新主体多元、要素多元、利益多元的背景提出的"②。实际上,高校德育协同创新是现代社会发展的必然结果,是高校德育体系进一步优化的重要昭示。高校德育协同创新也得益于近现代以来系统科学革命以及系统观念在社会实践中的广泛应用,体现了高校德育要素之间关联的实质性程度将更加密切,因而对高校德育结构优化和功能创新提出了新的要求。"新"体现在时代变迁背景下,高校德育的理论研究

---

① 黄英杰、李达军:《大学协同创新的合理化叙事及其角色定位》,《高校教育管理》2014 年第 3 期。

② 洪林、陈桂香:《高校协同创新的哲学思考》,《重庆高教研究》2013 年第 5 期。

与实践面临着诸多新情况和新问题,同时亟须探索新理念、新策略。可见,高校德育协同创新研究不能脱离所处的时代背景,一旦脱离了时代背景,则缺乏了现实根基。

高校德育协同创新遵循德育工作的矛盾运动规律。新时代社会主要矛盾的变化是新时代高校德育系统优化的深层根源,更新德育理念是契合社会系统发展和保持德育系统自身高质量发展的先导。高校德育系统优化需要具有高度的文化自信、文化自觉,同时牢牢把握高校德育改革和发展的正确方向,结合时代背景、紧扣时代脉搏、把握时代方向,关切大学生的全面发展,真正使高校德育协同创新围绕“立德树人”这一根本任务不断推进。高校德育系统创新体现了育人主体之间的基本关系,动态发展则反映了德育系统的演进过程,共同推动着高校德育系统的优化。面向教育现代化发展目标和立德树人根本任务,高校德育工作要站在人才培养全局的高度,以“大德育”格局加强顶层设计,构建协同育人工作格局。从这个意义来说,高校德育协同创新是顺应德育发展规律的重要体现,是高校德育系统优化的必然选择。

一、新时代以协同联动为导向的高校德育体系

党的十八大以来,习近平总书记高度重视高校德育工作,党中央、国务院制定了一系列重要文件,高校德育工作被赋予新的时代使命,也迎来了新的发展机遇。德育工作的特殊性、重要性决定了德育体系优化的必要性。习近平总书记主持召开的全国高校思想政治工作会议、全国教育大会、学校思想政治理论课教师座谈会,以及五四青年节向新时代青年寄语、到高校视察调研、给高校致信回信等,发表了围绕育人工作的一系列重要讲话,极大丰富了高校德育研究的内容。习近平总书记站在时代高度对意识形态工作做了一系列重要论述和战略部署,对新时代德育工作具有深远的指导意义。高校德育系统的优化与理论研究的推进密切相关,高校德育系统的每一次完善和优化都离不

开科学理论指导和实践探索。坚持以马克思主义理论为指导,坚持党对高校的全面领导,牢牢把握社会主义办学方向,围绕立德树人的根本任务,在理论研究方面形成的规律性认识,在具体实践方面取得的新发展,不断推动着高校德育协同创新的深入开展。

随着传统社会向现代社会的发展,任何事物的发展必然由传统形态向现代形态转化。高校德育体系同样经历了从传统形态向现代形态的转化过程,这一转化过程体现了对时代发展新要求的适应。值得注意的是,高校德育在某个阶段通常体现为传统性要素与现代性要素共存的特点,在向具有现代性要素逐步转化的过程中,不断建构与现代社会结构和人的发展需求相适应的系统性体系。因而,德育现代化既是强调人的现代性特征的价值塑造过程,也是适应社会现代化发展的系统优化过程。高校德育系统正经历从封闭走向开放,从传统走向现代的过程。协同各方育人资源,推动建立开放协作、社会参与的协同育人体系是高校德育深入发展的需要。高校德育系统运行过程中所体现的开放式、动态化、交互性特征,亟须高校德育要素之间增强协同联动,凝聚价值共识,以不断提升高校协同育人实效。系统化德育形态的建构不同于传统意义上的重视集体而忽视个体的德育形态,也不同于传统意义上分散化、碎片化的德育形态,而是彰显德育的集体协同、有机联动,促使德育形态更具活力。

首先,以协同联动为导向的高校德育体系是落实国家教育战略的需要。德育的社会主义性质是坚持社会主义办学方向、培养社会主义建设人才的需要。当前,我国正处于实现社会主义现代化和中华民族伟大复兴"中国梦"的关键时期,世情、国情、党情继续发生着深刻变化。学校的目的是培养人才,培养什么样的人才决定着教育的方向。新中国成立以来,从"教育为无产阶级服务"到"教育为社会主义现代化建设服务",再到新时代"服务中华民族伟大复兴",虽然教育的具体内容随着时代而变化,但社会主义的办学方向没有变。德育是学校教育的重要组成部分,必须坚持社会主义性质和方向。坚持马克思主义指导思想，坚定中国特色社会主义共同理想，为丰富发展新时代高校德育体系奠定了科学的理论基础，这是由我国高校德育的本质属性和根本目的决定的。在2018年9月10日召开的全国教育大会上，习近平总书记强调，“坚持党对教育事业的全面领导”“坚持社会主义办学方向”等，为教育工作指明了方向目标。中国特色的高校德育体系基于中国优秀传统文化、革命文化与中国特色社会主义先进文化，围绕德育目标、内容、过程、方法与途径等一系列要素的有机统一，并指向学生的全面发展。在实现“中国梦”的伟大征程中，高校德育协同创新实践需要立足国情、拓宽理论视野，将守正创新的理念贯穿于高校德育理论与实践中。

其次，以协同联动为导向的高校德育体系是不断促进人的全面发展的需要。教育的使命是立德树人，离开了立德树人，则无法完整地定义教育的内涵，也无法把握教育的性质与方向。具体而言，就是要将立德树人根本任务真正落实到学校的育人工作中，只有立德树人成为学校教育的核心工作，成为全体德育工作者的行动自觉，德育实效才能真正发挥出来。价值塑造不同于知识传授与技能教育，虽然要注重知识教育与技能教育，但却不仅仅于此，还需要注重对学生正确价值观、良好行为习惯的培养。相对于价值塑造，知识教育与技能教育可以直接通过教学来传授，然而，正确价值观、良好行为习惯的培养却更为复杂，是一个长期过程，贯穿于教育始终。学校的根本目的在于育人，提升学生人生境界、促进学生健康成长，并不断认识自己、完善自己、超越自己。对大学生的德性养成、价值塑造等方面而言，学校教育发挥着重要作用。现代学校教育具有明显的公共属性，这就意味着要优化高校文化环境，让师生在制度化的学校公共生活中发挥主体性、能动性。以人为本的育人指向是高校德育协同创新研究的逻辑必然。高校德育协同创新也是促进人的现代化的现实需要，在社会主义现代化的实践中彰显育人理念，在激发大学生创造性潜能的过程中体现育人价值。以协同联动为导向的高校德育系统建构始终遵循个体与共同体相统一的原则，既满足德育个体提升德性修养以及发展需求,又促进协同性、整体性的德育关系建构,由原来的“独奏曲”转向当前的“协奏曲”,从而实现德育协同创新目标,不断提升协同育人实效。

再次,以协同联动为导向的高校德育体系是深入推进高校德育实践的需要。高校德育协同创新是新时代推动高校德育工作的必然趋势。在育人形态上,着力实现育人资源和育人模式的相互协同。前者在于聚焦德育资源的整合,后者在于着眼信息化、智能化时代育人形态的变革,推动德育工作与信息技术高度融合,探索开放式、共享式、个性化的育人模式,并实现育人的全方位渗透、全领域覆盖。实际上,高校德育协同创新的主要目的就是实现多方育人力量的有机融合,体现为线上学习与线下学习、课堂教学与实践活动、校内资源与校外资源的多方面融合。当前,信息时代对学校教育产生了巨大影响,当前学校的地位在互联网背景下受到了一定的挑战和冲击。体现在教育领域,必然要革新教育方式,这也是信息时代下教育的发展机遇。互联网代表了一种新的交往方式和生活方式,给人们生活创造了新的空间。借助互联网增强高校德育工作的协同性,人们能够更加便捷地获得知识,能够自由地实现人际交往,也可以共享优质的教育资源。此外,高校德育协同创新在空间上向外界开放,整合各种社会资源,调动各类育人力量,从而形成课内与课外、校内与校外、线上与线下全领域覆盖的协同育人格局,突破长期以来高校德育工作单一化、分散化的传统组织结构。

在教育现代化背景下,高等教育进入了新的历史方位,必然要求对以往高校德育体系进行反思与重构。过去以培养知识人、工具人为指向的学校教育已经落后于时代发展,为此,要超越对教育功利主义的认识。此外,要坚持系统思维,在育人理念上着力实现“需求侧”和“供给侧”协同联动,聚焦学生“需要什么”,着眼学生的成长和发展需求,提高精准服务学生成长成才的供给能力,并将德育工作与学生组织管理、校园文化建设、社会实践活动相互贯通,不断提高统筹解决大学生成长困惑与实际困难的能力和水平。新时代对高校德育系统提出了新的要求,我们需要反思德育的碎片化现象,克服原子式困境,进一步明确高校德育协同创新的必然性。以协同联动为导向的高校德育体系是对系统科学、复杂性理论的现实对照，是对现代社会高校德育面临的不确定性、复杂性的积极应对。

新时代为高校德育协同创新发展提供了良好的社会基础、文化基础和物质基础，同时也提出了新的要求。习近平总书记指出，“现代化的本质是人的现代化”①。以中国式现代化全面推进中华民族伟大复兴的进程中，应然地包含着德育现代化。当前我国正朝着全面建成社会主义现代化强国新征程迈进，中国式现代化为德育系统优化提供了有利的条件保障，又必然提出更高的精神发展需求。中国式现代化的成就来之不易，迈进新征程也面临着诸多挑战，需要着力培养担当民族复兴大任的时代新人。高校德育必须坚持以马克思主义为指导，将党的教育方针与人才培养战略充分贯彻落实到高校教育、管理与服务等各项工作中，围绕“为党育人、为国育才”“培养时代新人”等要求，遵循德育规律和人的发展规律，不断探索和构建与中国式现代化相适应的理论与实践体系，真正落实立德树人根本任务。

二、以共同体精神凝聚德育价值共识

高校德育协同创新不是以满足短期利益作为关系维护的纽带，而是真正形成具有价值共识、协同运行的德育形态。对“共同体”这一概念来说，学界大多认为是由德国学者斐迪南·滕尼斯最早提出并进行阐释。马克思立足于唯物史观，对“共同体”思想的认识建立在对人的本质以及人与共同体之间关系基础之上。马克思对于“真正共同体”的认识强调在与他人的交互和实践中实现人的全面解放，将“现实的人”的交往实践作为共同体形成的前提。马克思认为人与人、人与社会、人与自然都是密切联系、融为一体的。马克思依

① 《十八大以来重要文献选编》（上），中央文献出版社 2014 年版，第 594 页。

据原始社会、阶级社会与共产主义社会的人类历史发展不同阶段，把共同体相对应地划分为依次演进的三大形态，即“自然共同体”“抽象的或虚幻的共同体”与“真正的共同体”，并对不同形态的共同体特征进行深刻揭示。从广义上而言，社会本身就是一个复杂的共同体。共同体是围绕现实的人的交往活动和实践而展开，而不是存在于理想世界的抽象的观念集合，正如马克思指出，“只有在共同体中，个人才能获得全面发展其才能的手段，也就是说，只有在共同体中才可能有个人自由”①。

马克思“共同体”思想通过关系思维深刻揭示了“人的本质”，作为共同体的价值规范，揭示的是人与人之间的互相协作、彼此关爱、和谐友善，而不是互相利用、互相占有、互相对抗。马克思指出，真正的共同体是“这样一个联合体，在那里，每个人的自由发展是一切人的自由发展的条件”。“这样一个联合体”深刻论述了主体间的密切联系，超越了虚假共同体的局限性，赋予了个体以广阔的交往和发展空间，促使人与人之间内在关系的凝聚与和谐，从而使人成为真正意义上的人。正如马克思强调，“人的本质不是单个人所固有的抽象物，在其现实性上，它是一切社会关系的总和”②。只有共同体关系的建构才能超越个人利益，超越局部利益，在主体与主体之间寻求“最大的公约数”，实现共同的利益。这种共同利益并非是机械化的联结，而是建立具有内在密切关联的生命有机体。马克思共同体思想蕴含的关系性思维对优化高校德育协同创新的主体关系具有重要价值。因此，在生命有机体中既有整体性的一面，也有个体差异的一面，理解差异，尊重差异，既体现的是整体维度的“一”，又彰显的是个体维度的“多”。

每一个个体都从属于特定的有组织的社会共同体，并在参与共同体的实践交往中不断促成价值共识。社会共同体以追求共同善为最高目标，凝聚着社会成员的共同情感。若不存在社会关系中所有人追求的共同善，也就没有

---

① 《马克思恩格斯文集》第1卷，人民出版社2009年版，第571页。
② 《马克思恩格斯文集》第1卷，人民出版社2009年版，第501页。

社会成员的个体善。社会成员对目标有着明确的认识并达成价值共识，其价值目标既要代表着个体诉求，也要满足集体和社会需求。在高校德育实践中，德育主体通过对象化活动参与德育过程，共同致力于公共生活空间的德性构建，这既是高校德育协同创新的应有之义，也是个体德性塑造和完善的内在要求。高校德育协同创新不同于其他行业、企业的协同创新，从本质上而言，高校德育协同创新紧紧围绕育人工作而展开，人的全面发展是其共同的本质追求，因而也超越了对利益的深远关注。

在全球化的今天，在给人的思想进步带来深远影响的同时，也使人的价值观念塑造面临着各种不确定性因素。国内外环境复杂多变，中华民族伟大复兴战略全局和世界百年未有之大变局相互交织激荡。在高校意识形态领域，面临着多样化社会思潮的挑战，传统德育工作方式面临着网络新媒体的各种挑战。“国内外各种社会思潮诸如民粹主义、历史虚无主义、新自由主义、民族主义、消费主义等跌宕起伏，并随时代变化呈现出不同特征”①，在此背景下，主流意识形态在各种社会思潮的相互激荡中频频受到冲击。科学认识各种社会思潮的本质，反对资产阶级意识形态的侵蚀，需要立足马克思主义理论来破解，不断营造优良的人文环境。社会道德失范的现象存在会消解德育价值的影响，如何正确认识和直面道德失范现象，积极引导大学生理性看待这一现象，需要回归德育本质，引导大学生分析其产生的原因，摆正心态，正确面对社会道德失范等现象。为此，对待不同的价值观应审慎辨别，有针对性地加强对大学生的思想引导。将社会主流的价值观念转化为受教育者个体的思想品德的塑造是德育的重要使命。从高校德育发展历程中可以得到启示，坚守与确保马克思主义在意识形态中的主导地位不动摇是重要经验，坚守这样一个“不变”的原则，能够有效地确保德育内容的本质不变、核心不变。通过构建个体生存与发展的互为主体关系，促进共同体价值的生成，因而成为规范个体

① 刘焕、李明德：《改革开放以来我国社会思潮研究的述评与展望》，《北京工业大学学报（社会科学版）》2020 年第 3 期。

行为、提升共同体向心力的必然选择。

事实上,在高校德育协同创新实践中,倡导共同体精神进一步发展了传统的集体主义教育,这种目标导向有助于发挥个体的主体性,并在个体之间形成价值共识,因而拥有更强的内聚力和吸引力。集体包括不同的层次,小至班级、学校,大至国家、人类。传统的集体主义教育强调爱班级、爱学校、为集体服务、维护集体荣誉,强调集体成员之间的互帮互助、团结友爱。随着中华民族伟大复兴的"中国梦"和人类命运共同体的提出,集体的概念在新的时代背景下有着进一步拓展,体现为树立共产主义远大理想和中国特色社会主义共同理想。高校德育特殊的机理在于把一定社会的思想准则和价值观念转化为大学生个人的德性培育。因此,需要提高对当前各种社会思潮发展动态的认知能力,准确把握各种思想文化相互激荡对大学生的影响,加强以凝聚思想共识为主的价值指向。高校德育协同创新在价值取向上有着共同的、明确的目标,以及对立德树人的共识、对协同育人的追求等。倡导共同体精神,强调共同的价值目标和追求,而不是追求自我利益的最大满足。同时,倡导共同体精神并不排斥对个体成员利益的重视,而是通过每个成员的主体性发挥来推动实现共同的价值目标。

践行社会主义核心价值观是高校立德树人的根本遵循。用社会主义核心价值观铸魂育人,是德育现代化必须始终坚持的目标任务。社会主义核心价值观以价值的最大公约数为基点,其内容涵盖了国家、社会和个人三个层面,其价值指向是增进国家的文明、社会的和谐和人民的幸福。社会主义核心价值观中的"核心"更具有共识性的意涵,认同事物的"核心"属性就相当于达成了对这一事物关键性质的基本共识。因此,需要在承认多元价值的基础上真正发挥社会主义核心价值的价值共识作用。以社会主义核心价值观来构建社会价值共识,显然不是通过学校教育就能够实现的,而是需要整个社会大环境的共同营造才能够实现。推动以社会主义核心价值观内化为主体的意识结构与精神指引,已成为当前高校德育工作的重要任务。通过高校德育协同创新促使社会主义核心价值观更好地融入每个大学生的生活世界中，促进每个大学生的人生价值得以彰显，教育和引导大学生与历史同向、与祖国同行、与人民同在，将个人的奋斗融入中华民族伟大复兴进程之中，在实现“中国梦”的远大理想和建设中国特色社会主义的伟大事业中，贡献青春力量。社会主义核心价值观不仅仅是学校教育的问题，还是引领整个社会价值环境的行动指南。在高校德育实践中，培养社会主义建设者和接班人，必须把社会主义核心价值观融入教育全过程，将政治化和人本化有机结合，聚焦于培养德智体美劳全面发展的社会主义建设者和接班人。

培养能够担当民族复兴大任的时代新人是新时代高校德育实践的价值共识，是立足当前中国特色社会主义发展的育人目标。2018 年，全国宣传思想工作会议提出要把“培养堪当民族复兴大任的时代新人”作为新形势下做好宣传思想工作的重要使命和职责。可见，高校德育工作要更加突出育人的全局性和优先性，要更加注重“社会全面进步”与“人的全面发展”的相互融合。党的二十大报告强调，深化爱国主义、集体主义、社会主义教育，着力培养担当民族复兴大任的时代新人。爱国主义、集体主义、社会主义教育一直是我国德育的重要内容。伴随中国特色社会主义进入新时代，我国高等教育逐步从“大”到“强”，更为注重质量提升的内涵式发展。新时代的人才培养更加注重知识、能力和价值观的整合性，以立德树人为中心的高校德育协同创新，契合了时代发展对深化协同育人的要求。高校德育协同创新集中体现了党的教育方针关于“育人为本、德育为先”“教育与生产劳动相结合，与社会实践相结合”等基本要求。推进高校德育协同创新归根结底是要把立德树人融入价值塑造、文化知识教育、社会实践教育各环节，体现在学科体系、教学体系、教材体系、管理体系等各方面，聚焦培养担当民族复兴大任时代新人的共同价值目标。

三、对提升高校协同育人实效的应然追求

德育是指向性、系统性很强的实践活动,引导受教育者明确政治方向、塑造优良品质,最终促进社会的和谐发展。系统的功能是为实现系统目标而服务的,正是基于此,高校德育系统在各个发展阶段都尤为重视其功能的发挥。高校德育的育人实效来自参与主体间的协同程度、创新能力。从学生品德成长和发展的基本规律来看,有关品德心理学、社会心理学等学科的发展有着很好的借鉴意义和参考价值。每一位高校教师不管在学校承担何种具体学科的教学任务或管理工作,实际上,都共同承担着立德树人这一根本任务的重任。然而,部分教师并未融入“全员育人”的过程,使其在学校教育工作中面对如何育人这一问题缺乏必要的专业知识,从而造成育人能力和育人目标之间的差距。因此,要将育人能力和育人目标结合起来,营造协同育人的优良环境。开展高校德育协同创新活动,需要形成正确的、科学的、符合实践发展的科学理念。这就要求在强化德育工作的协同性过程中,不断优化高校德育系统内部诸要素之间的结构、协同高校德育与外部系统之间的关系,避免各机构、各部门各自为政的局面,而是要形成系统性、整体性的协同育人合力。高校德育协同育人既要关注实然层面,也要关注应然存在,即德育协同育人实效应该达到的状态,它提供的是对于高校德育协同育人实效的目标构想和追求。正确认识高校协同育人实然与应然的两者关系,坚持合规律性与合目的性的统一,在理论与实践的互动中推动高校德育协同创新发展。

首先,在应然与实然的层面认识高校协同育人实效。在事物发展过程中,实然与应然互为辩证关系。就价值维度而言,研究其应然状态的目的是探究高校德育实效的价值或理想目标,以及实现其目标的路径和方式;研究其实然状态的目的是探究已发生的德育协同现状是否符合规范和要求。作为事实存在和不断发展的高校德育协同创新具有现代社会赋予的多重规定性。高校德

育协同创新作为一项不断推进的事业，一方面，要从德育协同创新的建构角度研究如何实现价值目标；另一方面，还要从已发生的事实层面研究德育协同创新的现状和问题。

其次，在系统哲学视野中分析高校协同育人实效。系统哲学认为，系统是事物存在的根本形式，体现了辩证唯物主义整体与部分的关系，是“协同创新范式产生的哲学基础”①。在系统哲学视野下，学校、家庭、社会等在高校德育过程中对大学生的价值塑造具有很大的影响，都会发生不同的作用，各种育人力量的教育重点也不同。学校教育注重学生的理想信念教育，而家庭教育需要有好的家风；社会力量的教育内容庞杂多样，着重点并不突出，需要牢牢把握社会主义核心价值观的引领。系统协同效应形成的显著特征就是整体发挥作用。高校德育系统作为一个整体，要求其构成要素或子系统在共同价值目标的指引下，深度融合、协同发力。新时代高校德育协同创新坚持以习近平新时代中国特色社会主义思想为指导，以立德树人为根本，以社会主义核心价值观为引领，不断优化德育协同创新体系。学校、家庭和社会都是青年大学生德性养成的重要场所，对其价值塑造都会产生影响。因此，要坚持学校教育与家庭教育、社会教育相结合，构建全方位的德育体系。与家庭和社会相比，学校在学生的德性养成过程中具有主导作用，体现在学校工作的各个方面，如充分发挥课堂教学的育人作用，将德育要素融入到各学科课程的教学目标之中，并贯穿于教学全过程；因地制宜加强校园文化建设，落实文化育人；精心组织主题鲜明、形式多样、吸引力强的德育活动，引导大学生积极向上、团结协作等。同时，高校德育与外界形势与环境密切相关。可见，高校德育需要具有系统视野，重视环境变化对德育工作的影响，不断丰富德育内容，结合多样化的教育方法、载体，以及重视德育在课内、课外，校内、校外的拓展，形成学校、家庭、社会的有机互动。

---

①　洪林、陈桂香：《高校协同创新的哲学思考》，《重庆高教研究》2013 年第 5 期。

再次,在理论与实践的辩证关系中提升高校协同育人实效。学生的价值塑造有其特殊规律,得益于跨学科的研究,可以得出一些规律性的认识,一是学生的德性养成包括知、情、意、行等多方面,体现为综合性;二是学生的价值塑造是在现实实践中养成的过程,现实实践活动具有丰富性、多样性等特征,要充分发挥学生的主体性;三是学生的价值塑造体现为理论和实践相统一、螺旋上升的动态过程。高校德育内容是否符合教育对象的需求、德育方式是否能够为教育对象所接受、成效是否能够有效彰显育人本位等,都需要在德育理论与实践中深入探索。从德育价值的意义上而言,其目的在于通过德育实践涵养核心价值和道德情操,促进大学生的健康成长和自由全面发展。只有实现德育理念的现实性转化,才能激发德育的生命力。一方面,通过德育实践活动激发个体创造性,彰显个体潜能和价值;另一方面,积极融入社会生活,通过社会的广泛认同体现共同体价值。高校德育协同创新理论与实践的发展演进与时代发展密切关联,显现为从初步探索到系统研究。高校德育协同创新的显现不仅是对德育理论与实践的有益探索,也是对中国特色社会主义教育现代化的有益支撑。

透过高校德育形态不同历史阶段的发展,不难发现一个相对明确的主题,即都是围绕如何提升育人实效而展开。从相关研究来看,不外乎两种叙事范式,即传统范式和人学范式,前者侧重于政治属性,后者侧重于社会属性,倡导满足受教育者发展需求和为人的全面发展目标服务。① 实际上,大学生的需求和呼唤,是推动高校德育创新发展的时代声音。高校德育形态的演进,其具体特征和外在表现具有鲜明的历史性和时代性。但是,这并不意味着高校德育形态没有其历史发展的相对稳定性。德育的对象是人,高校德育协同创新是聚焦大学生价值塑造的协同育人活动。高校德育协同创新的价值从根本上来说体现的是高校德育系统优化与大学生的全面发展之间的价值关联。从这

① 参见董雅华:《思想政治教育哲学问题研究》,复旦大学出版社 2019 年版,第 178—179 页。

个意义上来说，大学生全面发展应当成为探究高校德育协同创新价值形态问题的基本维度。高校德育协同创新坚持以人为本、顺应大学生成长发展的价值诉求，既关乎社会发展的总体目标，又满足个体的全面发展，强调工具性价值与目的性价值、现实价值与未来价值的统一，并在此基础上寻求和谐、共进、互融的整体平衡形态。因此，高校德育协同创新既要考虑德育的社会发展要求，也不能忽视个体的现实需求，若忽视后者而只强调前者，则容易导致个体价值缺场的现象。就当下来说，新时代背景为高校德育协同创新提供了重要发展基础。

高校德育体系构建在长期的探索中，从德育方针与政策、德育价值与目标、德育过程与方法等方面经过不断总结和完善，积累了宝贵的历史经验。坚持党的领导是办好我国高等教育的关键，也是做好高校德育工作的关键。在高校德育体系优化过程中，必须坚定正确政治方向和明确价值导向，通过积极探索和谋划高校德育新模式，构建高校德育新格局，高校德育工作高质量发展取得了明显成绩，积累了宝贵经验，为新时代深化高校德育体系改革创新奠定了坚实基础。纵观高校德育体系构建、优化的历程，可以看到，“高校德育体系建构是一个内生的、生成的、整体的、层层深化的建构过程”①。在各个阶段，高校德育都得到了充分重视并发挥了积极作用。尽管在新中国成立后高校德育体系有很长的时间阶段成为政治的附庸，但这一历程也为后来高校德育体系的科学构建提供了教训。面对新的实践和问题，高校德育协同创新需要根据新形势和新要求，在传承中创新，以新的视角、新的理念不断优化高校德育体系、不断促进德育功能的发挥。高校德育协同创新的提出既与时代和社会发展密切相关，也与高校德育自身发展规律有着密切联系。

认识高校德育协同创新的复杂性需要把握以下特征：一是高校德育协同创新理论体系的综合性。其中，马克思主义理论是高校德育协同创新实践的

---

① 陈文海：《论高校德育体系建构的三重转化》，《学校党建与思想教育》2017 年第 1 期。

指导思想，也是理论基础。教育学、心理学、社会学、管理学等学科为其提供了理论借鉴。二是高校德育内部系统与外部系统的整体性。高校德育内蕴于社会系统之中，社会发展要求高校德育系统置于社会大系统之中考察。坚持系统思维，把高校德育系统当作诸要素构成的有机整体来分析，跳出系统自身，从开放性视野认识德育的系统性、整体性、协同性，有助于破解德育要素分散化、碎片化等难题，并促使高校德育系统保持发展的开放性、可持续性。三是高校德育协同创新过程的系统性。高校德育协同创新是围绕育人的工作，而人的价值塑造是一个复杂过程，这就决定了高校德育协同创新过程的复杂性和系统性。

综括而言，对高校德育协同创新历史演进的梳理：一是关注高校德育系统外部环境与内部要素、结构的动态变化；二是总结其演进规律，从中得到启发，以更好地把握高校德育协同创新的实践发展与未来走向。高校德育系统的生成与演进，需要契合系统生成规律、演化规律，同时需要综合运用多学科研究范式，以及注重目标设计、组织优化、机制完善和保障体系等。高校德育协同创新正是在高校德育科学化、系统化的探索过程中逐渐生成和不断完善，经历了对德育体系建构的认识、对德育内部系统同外部系统关系的认识、对德育内部系统各要素关系的再认识等逐步深化的过程。可以发现，这一演进历程和高校德育的科学化、系统化等发展目标相适应。梳理高校德育协同创新的历史演进是为了进一步推进高校德育的系统性构建，促使高校德育系统性构建具有明确的发展趋向。历史地分析，动态性和全面性是分析高校德育协同创新历史演进的重要特征，“要不断克服经验主义、保守主义的影响”①，要在不断发展变化的过程中来认识，从而在守正创新中不断促进高校德育系统优化。

---

① 德育百科全书编委会：《德育百科全书》，天津大学出版社 1994 年版，第 116 页。

第三章 高校德育协同创新的逻辑架构

高校德育协同创新作为开放的复杂系统，其核心是围绕人的全面发展而建构的育人体系，本质上是顺应德育规律、彰显合力育人理念、提升协同育人实效的实践活动。对系统的描述一般可以分为三个层次，“即微观、中观和宏观层次”①，基于此，高校德育协同创新的逻辑架构可从微观、中观和宏观三个维度进行分析，如图 3.1 所示。

高校德育协同创新不是各要素的简单组合，而是集宏观、中观、微观层面为一体的贯通式德育体系。就高校德育协同创新的微观维度而言，教育者和教育对象都具有主体性，通过交互协同，从而形成“协同性”“共生性”的关系；就高校德育协同创新的中观维度而言，德育组织既有独立性、差异性，又有互补性、协同性，实质上体现的是德育组织之间竞争与协作，并通过竞争与协作，构建德育组织共同参与育人工作的协同结构；就高校德育协同创新的宏观维度而言，德育系统通过非线性互动，在非线性运行和自组织过程中不断循环演进并形成新的有序结构。可见，分析高校德育协同创新的逻辑架构，一方面，需要树立系统观念，将高校德育协同创新作为复杂系统进行探究；另一方面，

---

① ［德］赫尔曼·哈肯：《协同学：理论与应用》，杨炳奕译，中国科学技术出版社 1990 年版，第 44 页。

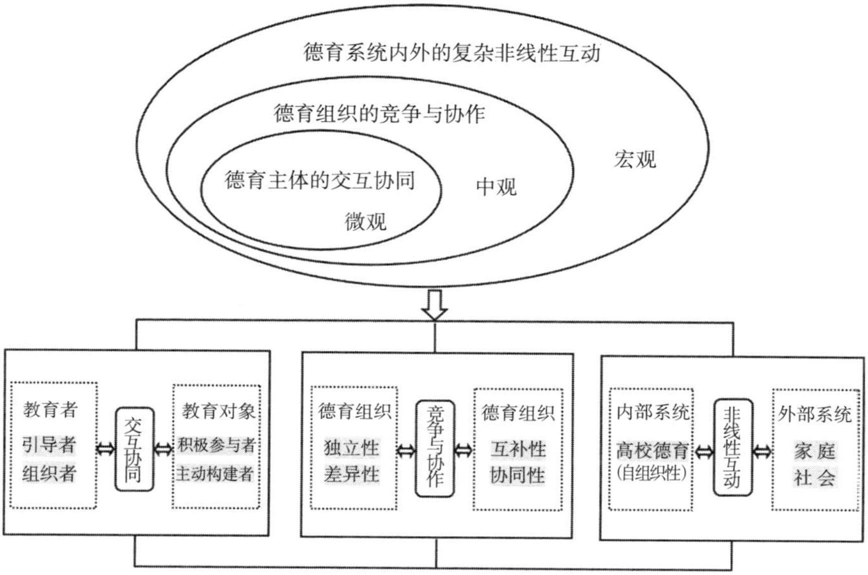

图 3.1　高校德育协同创新的逻辑架构

需要摆脱固有的线性思维的束缚，认识到高校德育协同效应源自德育要素的耦合、德育子系统的协同以及德育系统与外部系统的互动，而非要素功能的简单叠加。

第一节　微观维度：德育主体的交互协同

高校德育协同创新的主体从根本上来说具有多元性、交互性等特征，需要把握高校德育主体之间的关系范畴，注重人的主体性发挥和主体之间"关系"的本体性。德育的主体是人，只有科学认识人的本质，才能切实破解德育的关键问题，才能有效开展高校德育协同创新实践。正如雅斯贝尔斯所言，教育活动中所形成的是“人对人”的关系。① 人本化的德育就是既要把人作为教育的对象，又要把人作为教育的主体；既要尊重人、关心人，又要培养人、塑造人，发挥人的主体性、满足人的合理需要，将实现人的全面发展作为德育的出发点和宗旨。把握“人”作为德育主体的存在，在高校德育协同创新中应整体地去研究“人”这一研究对象，既要看到作为具体的个人的存在，又要看到人的“类”的形态存在。高校德育协同创新主体的存在样态，离不开“关系框架”下多元主体关系意识的强化，发挥全体师生在高校德育工作中的主体作用，形成“协同性”“共生性”的关系。

一、人的主体性发挥

李德顺教授在《普遍价值及其客观基础》中指出：“一切价值都是以一定人的主体尺度为根据的现象。”②人不可避免地存在于所赖以生存的各种自然、社会环境之中，因而必然会存在各种对象性关系。同时，人又能够按照自身的需要，依靠对象性活动去追求人与人之间的和谐。所谓主体性，“是以人本身作为核心价值，以人的能动性发挥作为动力，体现人之为人的独立性、主动性、创造性。”③人是社会的人，若离开了社会关系，很难称为真正意义上的“人”。人在公共生活中的社会关系，反映了人的本质属性，也体现了人的存在形态。作为主体的人总是在现实生活过程中彰显和强化着自身的主体性，无论是主体的自主性、能动性，还是主体的选择性、创造性，都是实践中的人的特性，都是从人的发展尺度来认识人的主体性。

人的主体性发挥强调人的自主性、能动性和创造性，促使了人的思想的极

① 参见雅斯贝尔斯：《什么是教育》，生活·读书·新知三联书店 1991 年版，第 3 页。

② 李德顺：《普遍价值及其客观基础》，《中国社会科学》1998 年第 6 期。

③ 吴宁宁：《高校主体性德育培养的新视域探索——基于日本高校德育发展的启示》，《东北大学学报（社会科学版）》2019 年第 2 期。

大解放。首先,德育越来越凸显人的主体性,更为强调在人与人的交互关系中形成平等的主体间性。德育领域强调的人的主体性不仅仅是主体自我意识、自我实现,还具有平等性、包容性、对话性的交往理性。这种交往理性在日常交往实践中更为强调行为主体之间的平等对话与交互。其次,德育越来越凸显人的发展性,追求人的全面发展。人的全面发展不是纯粹的理论上的思辨,而是在生活实践中具体的人的现实需要和追求。新时代高校德育价值的应然追求是聚焦人的全面发展和关注社会的和谐发展,是对传统的单纯意义上社会价值论或者是单纯意义上人的价值论的超越。高校德育协同创新的价值诉求,主要体现在服务社会发展的同时,更为强调育人本位、实现人的价值。社会主义现代化过程也是体现以人为本、促进人更好地发展的过程。在这个过程中,高校德育应该为大学生的成长提供精神文化支持,更多地关注人的思想接受机制,关注人的精神世界,关注人的精神需求,使高校德育的政治诉求与人文关怀和谐共融,把人的全面发展作为价值取向,实现工具理性与价值理性的统一。大学生的全面发展成为贯穿高校德育过程的始终,承认并尊重受教育者在德育活动中的主体地位,注重受教育者的价值塑造,将受教育者真正视为积极参与的、主动建构的个体。为了顺应时代发展要求,高校德育应自觉地增强大学生的主体意识、创新精神、自立能力,进而培养成为社会主义现代化建设事业需要的时代新人。

作为主体的"人"是具体的、现实的存在,并处于一定的社会关系之中。现实生活世界面临着各种角色情境,并通过不同社会角色与他人产生联系。脱离了作为对象的"人",德育工作将无从谈起。高校德育协同创新立足于多元主体的交互活动,通过交往与对话生成多元主体间共同认可的价值规范,促成人与人之间和谐关系情境的创设。每一个大学生都具有独特性,不同的成长经历、不同的社会阅历、不同的教育体验,需要在"教"与"育"的互动关系中尊重每一个大学生。德育主体之间的交互性体现在教育者与受教育者双方在观点、思想、情感等方面的交流过程中,以对话为途径、以情感为纽带,不断创新德育方法,从而激发教育者与受教育者的主动性与积极性。德育研究需要科学把握人的思想行为变化发展的规律,从而有针对性地进行德育活动,进而促进人的全面发展。对于多元化的德育主体而言,由于主体的多样性,不同主体之间必然会产生一个复杂的关系网络。为此,不同德育主体相互之间的互动和协同,有助于深化对德育主体的研究,激发主体的能动性、协同性。

传统的灌输式教育简单化为教育者对受教育者的劝诫,造成受教育者被动接受德育知识,使其无法充分体现教育过程的主体性,这无疑是对人的创造性的阻碍。有学者指出:“德育改革宜顺应人的天性,同时又以理性节制人的自然欲望并由此显示出人的勇气。”①重视人的天性,注重人的主体性、交互性突破了传统的灌输式与说教式德育范式,为高校德育主体之间的互动交往提供了广阔空间与平台,引导大学生在广泛的交往中学习成长。德育本质上是培养人、塑造人的教育活动,发挥人的主体性彰显了人的目的、意义。尊重学生个体差异、一切为了学生、积极塑造学生是尊重学生主体性的具体表现。尊重学生个体差异,就是要尊重学生的独立人格、个性发展需求、能力差异,承认每个学生的个性,激发学生的能动性、创造性,促使那些有利于学生创造力得以充分发挥的个性得到挖掘和发展。一切为了学生,需要关注学生的权利,关注每一位学生,关注学生的生活世界,关注学生的生命价值教育,把学生的发展作为教育教学的目的和核心,注重学生的健康成长、全面发展以及潜能的开发。积极塑造学生,需要引导学生形成正确的世界观、人生观、价值观,顺应时代的要求,体现时代的精神,同时引导学生实现自我教育、自我发展。因此,建构平等交互的德育主体之间的关系,是高校德育协同创新的应有之义。

德育研究范式向人学范式的转换,客观上要求以“现实的人”的需求和发展作为研究基点,如此,德育才具有针对性、有效性。在高校德育协同创新活动中,从人作为个体的人、群体的人、社会总体的人以及人的类存在来看,都应

---

① 刘良华:《德育改革的伦理学视角》,《全球教育展望》2017 年第 9 期。

当注重人的主体性发挥。高校德育协同创新的内生动力生成于德育内部各要素的相互作用,激发高校德育协同创新的内生动力建立在人的主体性发挥的基础上。无论教育者还是受教育者都是具有主观能动性的人,都具有独立的思考能力、认知能力和行为能力。在传统的高校德育过程中,教育者在进行价值引导过程中往往容易忽视大学生的主体性,导致教育者和受教育者的关系存在不和谐的现象。应当认识到,学生的价值塑造是与学生主体活动息息相关的主动自为的积极过程。① 教育者若偏重于“概念性”的教学内容、单一化的教学方式以及灌输式的说教,忽视了受教育者的个性差异、情感、态度和需要,则容易走向束缚人、约束人,而不是以引导人、培养人为目标,违背了德育规律,将使德育无法走进受教育者的内心。实际上,德育过程是一种相互互动、相互影响的过程,其实质是一种精神交往关系,需要充分体现主体之间的交互性、互动性等基本特征。高校教师要多与大学生交往互动,引导大学生在交往互动中自主学习,勇于表达,创新创造,健康成长。此外,要鼓励大学生参加社会交往。社会生活和实践中的丰富性、复杂性是学校课堂教学无法替代的,学校层面要创造条件,鼓励、引导大学生参与有现实意义的社会交往活动。

可见,高校德育协同创新的价值问题是以人的主体性发挥为前提,若缺乏人的主体性发挥,那么高校德育协同创新实践则无从谈起。基于我国高校德育发展历史进程,培养大学生的主体性已成为高校德育的共识,也是提升高校德育实效的关键。在现代社会中,越来越容易摆脱对人的依附性的存在,而体现为独立的主体性的存在。德育价值中人的主体性的提升源自改革开放后的社会主义现代化实践,促进了主体的自我意识觉醒。在高校德育协同创新过程中坚持以人为本,就是坚持人的自然属性、社会属性和精神属性的辩证统一,应创造条件培养人,着重培养大学生的意志力、判断力、创造力以及独立人格,尊重学生、关心学生、理解学生,充分激发学生的积极性、自主性、创造性,

① 参见王啸、鲁洁:《德育理论:走向科学化和人性化的整合》,《中国教育学刊》1999 年第 3 期。

充分挖掘学生的发展潜力，为他们更好地走向社会提供必要的帮助。高校德育协同创新理念注重彰显人的主体性，突出德育的人本化和系统化，它所体现出来的时代精神、系统观念和协同意识，不仅丰富和完善了中国特色社会主义德育理论体系，而且也为我国高校德育的实效性提升提供了重要支撑。

二、高校德育协同创新多元主体的关系

"谁是德育的主体?"①对德育主体认识的不断深化，经历了从单一主体向多元主体的转变，这一转变决定了不同主体之间的协同创新不仅是可能的，而且是必要的。传统意义上的德育主体是建立在近代主体性哲学以凸显自我意识、强调自我为基本思想的背景下，这种局限于主客体框架的思维模式，其表现形式必然呈现出德育主体结构和关系的单一化。主客体的思维模式倾向于将人与人的关系形式化、固定化，将主体看成是具有自主性、能动性、创造性的存在，而将客体看成是服从主体、被改造的对象而存在。在这种主客体思维模式的影响下，传统德育主体将教育者作为德育活动的主体，将受教育者作为德育活动的客体。主客体思维模式在处理人与自然、人与物的关系时有其重要价值，然而在面对人与人之间的关系时，则遭到无法解决自身所固有的弊端和不足。随着主体间性哲学的提出，如胡塞尔提出的"交互主体性哲学"、海德格尔提出的"此在的共在"、哈贝马斯提出的"交往行动理论"等，完成了从主客体思维模式向主体与主体思维模式的转变，这种转变有其历史必然性。主体与主体框架的思维模式试图从人与自然、人与社会、人与自我的二元对立的关系中解放出来。西方的主体间性哲学所主张的多元主体观点，对于理解和把握德育实践活动的本质和结构提供了新的视角。教育者和受教育者都被看成是具有自主性、能动性和创造性的主体，相互之间体现的是平等、和谐、共生

① 檀传宝:《德育原理》，北京师范大学出版社 2017 年版，第 109 页。

的互动关系。

马克思主义认为,人们所从事的实践活动既包括主体与客体之间的自然关系,也包括主体与主体之间的社会关系。马克思主义从唯物辩证法的立场弥补了西方近代主体性哲学的缺陷和不足。事实上,德育作为一种育人活动,在本质上是人与人的平等、民主、和谐的互动关系。马克思指出,“利益把市民社会的成员联合起来”①。每个个体都生活在复杂、多样的社会关系之中,不可能是一个绝对孤立的、与社会毫无联系的个体,并且每个个体的思想、观念、行为等都必然受到其所处的社会关系的制约和影响。理解高校德育协同创新参与主体的意涵,需要“基于各自能力和优势展开有效合作,进而实现优势互补与合作共赢”②。不难看出,高校德育协同创新多元主体价值的形成离不开主体之间的交互协同。传统德育主体的观点具有的缺陷和不足不仅导致了教育者和受教育者之间本质关系的异化,而且也无法满足德育活动有效开展的要求。教育者和受教育者都是德育活动的主体,同时,教育者和受教育者成为德育活动的主体并非是无条件的,而是有着共同的价值目标作为前提和条件。张耀灿教授指出,受教育者的主体性是受教育者作为教育主体的本质属性,是受教育者自觉认同教育目标和教育要求,作出判断和选择,自主调节行为,并在实践中完善自身品德,丰富和发展社会道德规范的自主性、能动性和创造性。高校德育协同创新强调以多元化主体的互动、协作来实现系统的共同价值目标。

从高校德育协同创新参与主体的角度来看,关键是要分析多元主体的构成和动态变化。在高校德育的现代化转型发展过程中,人作为德育的主体,逐渐形成教育者、受教育者、管理者、参与者等众多主体构成的主体群落,体现了多元主体之间的关系复杂性,必然会在德育任务、德育内容、德育过程、德育方

① 《马克思恩格斯文集》第1卷,人民出版社2009年版,第322页。

② 张艺、许治、朱桂龙:《协同创新的内涵、层次与框架》,《科技进步与对策》2018年第9期。

式等问题上形成复杂的互动。两个或两个以上主体之间就可以构成复杂性互动,德育主体之间围绕德育目标、德育内容、德育过程、德育活动等方面的多层次互动,形成了庞大而复杂的互动关系。首先,高校德育协同创新主体中的教育主体具有多元性,是德育活动的组织者。教育主体既包括高校党政干部和共青团干部、思想政治理论课教师、辅导员、班主任等德育工作队伍和党务工作队伍,也包括其他学科教师和研究人员、各级各类职能部门的行政人员、后勤服务人员等。教育主体也可从不同育人主体范畴的方式进行划分,如教书育人主体主要是指思想政治课理论教师在内的各专业教师;管理育人主体即学生工作部门和机关部门的工作者;服务育人主体指后勤工作者等。不同教育主体之间尽管具体工作的内容不同,但育人职责不能割裂化,相互之间存在着密切联系。高校全体教职工都应将立德树人作为根本任务,增强协同意识和使命担当,自觉在德育工作中对学生开展直接或间接的思想价值引导工作。其次,高校德育协同创新中的教育对象即大学生群体。高校德育的对象是大学生,但是学生不是被动、消极、机械地受教育者的影响,而是有思想、具有自觉能动性的人,在接受教育、引导过程中,是积极能动的主体。

在高校德育协同创新实践中,通过主体之间的交互协同,构成了教育者与教育对象这一重要的交互关系。尊重人的主体地位,“尊重教育对象的主体性,是高校德育遵循人的发展规律的基本要求,也是新旧教育相区别的重要标志”①。在传统的德育实践中,教育者和教育对象往往出现不对等的关系,缺乏对教育对象的主体性认识。当前,德育外部环境日趋复杂多变,应积极构建师生之间的“强关系”,把“以学生成长为中心”的理念贯穿于高校德育协同创新实践。教育者在德育过程中的主导性作用变得更加突出和重要,需要教育者尊重学生作为教育对象的主体地位,满足学生的多样化、个性化需求,促进学生全面发展,自觉担负起培养时代新人的重要职责和使命。教育者需要通

① 沈壮海:《论高校德育的人本追求》,《思想理论教育导刊》2009 年第 11 期。

过调动大学生的积极性和主动性，充分发挥受大学生的主体性作用，帮助引导大学生树立正确的思想政治观念，提高思想政治觉悟和道德水平。教育家霍姆林斯基指出：真正的教育乃是自我教育。人的思想觉悟水平提高意愿及其程度，主要取决于主体的自主性、自觉性、能动性。在高校德育协同创新中应注重鼓励大学生主体意识的觉醒，注重提高大学生的自主性、积极性，使主体在协同创新环境中生发主动意识、协同意识、创新意识，而不是被动意识、依赖意识、盲目意识。高校要引导大学生提升正确的价值判断力，认识和了解国家、社会对高校人才培养的新动向，积极规划自身的未来，自觉学习先进的思想文化，从而更好地融入新时代中国特色社会主义事业的建设和发展之中。

通过上文分析可以看到，协同创新理念下，教育者、教育对象都具有主体性，尽管在表现形式上不同，但在价值目标上具有一致性。高校德育协同创新是由参与主体共同完成的育人实践，各主体一般都有基于自身利益的目标追求，这些利益需求具有多样性，而价值目标的一致性则可以减少主体之间冲突的概率和强度，进而增强系统的整体协同。无论是教育主体还是受教育主体，都是教育活动的重要组成部分，只有共同的价值理念和行为规则才能促使德育实践更加接近育人目标，才能促使高校德育协同创新实现可持续发展。在高校德育主体的协同创新过程中，本身就是促进师生共同成长的过程，每一个参与主体之间的界限并非那么鲜明，却能不断激发个体的发展潜能和创造性。当高校德育主体注重以“关系”为基础的整体关联，克服简单化、割裂化倾向，形成协同格局时，则将极大促进多元德育主体的合力形成。

第二节　中观维度：德育组织的竞争与协作

德育组织结构直接关系着德育系统的整体功能发挥。高校德育组织涉及教学、管理、后勤等多个部门和团队，各有侧重，各自承担着不同的育人职责，摸索和形成了各具特点的教育措施和方法。由于不同部门和团队在育人工作中所占权重不同,而且在组织结构上所属系列不同,势必造成相互之间难以协调一致。构建德育组织共同参与育人工作的协同结构,发挥各自育人价值与功能,在德育目标、理念、载体、内容、方式、评价等多个维度互相衔接,有助于凝聚多方育人力量,提高德育工作科学化、精细化水平。

一、协同创新思维与高校德育组织

随着协同创新意识的提升,德育组织协同创新模式的变革不再是仅仅依靠某个组织的功能,而是以共同目标为引领带来的组织之间有机关联。德育系统内部组织之间的竞争与协作促使德育系统结构不断调整,为建构跨组织、跨领域的协同模式创造了条件。

正如哈肯指出:“无论是原子、分子、细胞、动物或人类,都是由其集体行为,一方面通过竞争,另一方面通过协作而间接地决定其自身的命运。”①德育组织有着共同的价值取向,即发挥自身的育人功能,服务于学生的成长成才与全面发展。一方面,德育组织在性质上具有独立性和差异性,给予了德育组织更多自主发展的空间和契机,同时也造就了德育系统的复杂结构和竞争环境。协同论强调,合作活动与竞争活动至少有同等的重要性,在大多数情况下,合作活动起着主导作用。竞争本身若不断强化而发生异化,则会导致过度竞争本身带来的不利影响而被放大,对协同育人机制产生破坏效应。因此,应避免德育组织之间的过度竞争、破坏性竞争。另一方面,德育组织在关系上具有互补性和协同性,体现了高校德育是一个“有组织的综合体”的属性。这一属性对德育组织提出了优势互补、沟通协作、规范监督的要求,反映在内部组织结构上,遵循“和而不同”的理念,以“协同”促“联动”,将组织建设与价值引领

① ［德］赫尔曼·哈肯:《大自然成功的奥秘:协同学》,凌复华译,上海译文出版社 2018 年版,第 9 页。

结合起来，在不同职能部门、不同学科之间，以协同育人为导向，加强人力、知识、技术、信息、设施等育人资源的互动，共建共享育人平台，发挥协同育人的综合优势。从高校德育协同创新的内部结构来看，正是德育各组织之间的竞争与协作，促使了德育系统的组织结构趋向有序和育人功能有效发挥。

可以看到，高校德育组织协同创新是典型的耦合结构，以不同要素间的互动协作为基本方式。具体而言，该结构包含两个维度的组织系统。一是在机构设置基础上形成的科层系统，不同的组织根据其工作职能履行组织效能。二是以共同价值目标聚合起来的组织，如在德育领域，文化环境具有育人的属性，以文化育人目标汇聚的教师团队，不仅包含了各个学院的教师，还有其他学生工作部门、管理部门、后勤部门等构成文化育人的组织系统，打破了各个部门之间的界限。这两种类型的组织有不同的生成逻辑，前者主要采取行政手段协同，后者是由共同目标促成的主体协同，具有开放、协同的特征，两种组织形态相辅相成、互相融通，构成完整的组织协同创新结构。这种完整的组织协同创新结构也体现为发展变化的动态性，各个组织通过联合，形成开放有序的更大的组织，并通过优势资源的充分共享，促使协同创新活动变得更加频繁和协同创新资源得到有效整合。

由于高校德育组织的多层次性、异质性，从而提出了更多的目标要求，为了实现这些目标要求，新的子系统也随即产生。在此过程中，新的子系统功能进一步分化，又会引发新的子系统产生。比如，为加强对学生思想引导的管理，便形成以学工部为主管部门的学生事务管理部门；在学院层面，主管学生工作的副书记、辅导员构成专门的学生工作系统，这种系统分化的方向还可能进一步拓展。实际上，德育组织的分化反过来又进一步增加了德育系统的复杂性。系统、组织的进一步分化通常需要获取一定的资源才能实现其功能，德育子系统的增加，一方面，会导致德育系统内部资源竞争的增强，推动着德育组织不断从其他组织吸收更多资源；另一方面，也可能带来功能异化的问题，其后果不仅导致了德育资源浪费，也将造成协同育人实效的弱化。高校德育协同创新的推进有助于克服外部环境不确定性、推动自身功能实现，其动力源自育人实效提升的需要，同时也是现代社会发展的需要。

此外，要认识到高校德育组织协同创新的客观性和条件性。一是高校德育资源整合与共享的客观性，即高校德育资源整合与共享所具有的规律性。各种德育资源之间有着一定的内在关联，这是客观存在的，这种内在关联决定了德育资源整合与共享的现实基础，德育资源整合与共享需要根据这种内在联系性进行科学配置，否则，则会影响德育资源整体功能的发挥。二是高校德育资源整合与共享的条件性，即高校德育资源整合与共享所具有的时空性。在不同的时间阶段、不同的应用场合，高校德育资源整合与共享的程度都会有所不同。通过高校德育资源的科学配置实现高校德育资源的整合与共享，促使高校德育资源各要素之间协调一致、相互促进、形成合力，而不是步调不一、相互抵触、相互割裂。在整体上构建高校德育资源协同创新系统，有助于发挥高校德育资源更优的功能，“实现育人资源和育人模式的相互协同”①，从而产生更大的德育实效。

二、高校德育组织协同创新的功能

高校德育组织协同创新是高校德育分工协作的重要体现，若德育组织之间缺乏协同创新，则难以凝聚各方育人力量。现代社会信息技术快速发展，生产要素的全社会配置以及社会人口流动的急剧增强，使得德育组织之间的互动关系更多体现为基于公共利益的公共性。显然，高校德育组织协同创新的功能体现在多个方面。

其一，高校德育组织协同创新突破了传统的单一化组织结构，采取基于协同的组织化方式，反映的是人与人、人与组织、人与空间的相互联系和有效协

① 杨晓慧:《高等教育“三全育人”:理论意蕴、现实难题与实践路径》,《中国高等教育》2018 年第 18 期。

调,也必然减少了其他组织因做类似的重复工作而付出不必要的成本。德育组织结构完善是德育组织体系协同创新的重要保障,德育组织结构是否合理、信息传递是否顺畅、层级体系的优劣都会影响到德育系统的协同创新效果。当德育组织模式与协同创新组织体系的特征不匹配时,德育组织的功能仅仅是停留在理论层面,而无法落实到德育协同创新实践中。德育协同创新目标正是德育组织结构中要素间的协同实现的,通过协同创新打破组织、学科、机制、体制的樊篱,最大限度地集成和汇聚创新资源与要素。① 德育协同创新的组织结构推动了要素的紧密联结,人才、技术、资金、信息等各类资源和要素在协同创新组织结构中高效配置和流动,并通过这些要素的有机结合和充分互动实现组织功能。

在上述背景下,高校德育组织协同创新推动着新的组织模式不断建构,“由单个的、孤立的、封闭的、互不联系的创新,走向多方参与的、集体的、开放的、相互联系的创新”②。高校德育组织协同创新的显著特征就是打破德育组织之间的边界,与其他德育组织互动协作。基于组织之间的密切协作,跨组织可以实现功能的深度融合。由于系统的复杂化,个体或群体很难把握系统的整体运行及其发展规律,结果容易导致战略决策的失误。通过德育组织之间的创新合作,在原有组织模式的基础上不断衍生出新的合作组织形式,并不断推动着原有组织形式的进一步开放与融合,使决策者在复杂性面前能够有效汇总各种信息,充分听取各方意见和建议,集思广益,从而提升组织决策的科学水平。通过跨组织而形成的德育协同创新组织模式,将实现跨组织的德育资源整合与共享,在静态和动态的运作过程中共同参与协同创新。这种组织方式将为个体或群体提供更多的自主管理空间和机会,促使传统的组织管理方式不断进行重构。

---

① 参见张艺、许治、朱桂龙:《协同创新的内涵、层次与框架》,《科技进步与对策》2018 年第 9 期。

② 别敦荣、胡颖:《论大学协同创新理念》,《中国高教研究》2012 年第 10 期。

其二,高校德育组织协同创新促进了高校德育资源的整合与共享。满足主体需求是德育资源价值存在的基本前提。如何有效发挥德育资源的功能是提升德育实效性的重要议题。高校德育资源整合与共享理念的提出,深化了对高校德育发展规律的认识,其内在理据在于适应高等教育发展需求、促成“立德树人”目标实现和提升教育的系统性科学性。[①] 高校德育资源的功能能否发挥或有效发挥,总是受一定因素影响制约。高校德育资源整合与共享的物质基础源自德育资源的供给以及资源的有效性。当前,高校德育资源的有限性与德育主体对资源的现实需求之间存在着诸多矛盾,进而导致德育资源在不合理配置过程中影响了德育资源的有效性发挥。高校德育资源的供给仍然主要局限于传统的德育主管和实施部门,造成德育资源供给单一,可利用的有效德育资源相对欠缺,而其他部门的资源难以被开发和运用,因而具有很大局限性,造成可利用德育资源的不足和碎片化。高校德育资源的配置方式、配置效率较低造成了德育资源流动的重重壁垒,同时高校德育资源未能得到广泛开发和利用,也影响了高校德育工作的实效性。在德育活动中需要坚持德育资源的系统设计,对各种自然、社会与文化资源进行整合,重视德育资源的稳固性与开放性。[②] 实质上,高校德育工作需要各个单位、部门的参与,需要社会各行各业的积极配合。对此,高校德育组织协同创新为高校德育资源整合与共享提供了重要条件,进而实现高校德育资源需求与供给的平衡。

德育资源配置是影响德育实效发挥的重要因素,“要促其实现协同配合和发挥最大功能,首先就要对其配置机理做出系统分析”[③]。显然,高校德育组织协同创新则是优化德育资源配置、实现德育资源整合与共享的重要方式。

---

① 参见杨维东、李兰:《高校思想政治教育资源整合理论研究》,《中国高等教育》2018 年第 3 期。

② 参见彭宗祥、汪力:《德育资源的双重属性与德育的双重性》,《思想理论教育》2015 年第 5 期。

③ 胡洪彬:《系统思维与新时代思想政治教育资源的整合优化》,《思想教育研究》2021 年第 12 期。

德育资源整合与共享旨在推动高校德育协同创新的实践,实现德育资源的有效利用。德育资源系统内部各个具体形态的德育资源配置情况会影响其自身整体功能的发挥,这是由于德育资源系统的结构与配置密切相关,德育资源配置的不同可能引起德育资源结构的变化,而德育资源结构的变化又很可能会导致其功能的不同。根据系统科学原理,不论是在静态系统中,还是在动态系统中,系统功能取决于系统结构是一种普遍现象。德育资源整合与共享的功能既不等同于单一具体形态德育资源功能,又与单一具体形态德育资源功能的总和不完全对等,这主要是由构成德育资源系统的各个具体形态的德育资源的整体配置情况相关。高校德育组织协同创新有助于推动高校德育资源之间的整合与共享,进而促进高校德育资源协同创新系统的构建。

随着高校德育组织协同创新的推进,高校德育资源的协同开发与利用程度不断提高。每一个时代的德育资源只能是现实中存在着的资源形态,尽管有些德育资源在现实中客观存在,但由于认识水平和科技水平的局限性,存在难以将其应用到具体德育活动中的境遇,也难以发挥其德育功能。高校德育资源受到一定时代的经济、政治和文化等因素的影响和制约,使其具有深深的时代烙印。高校德育资源的协同利用需要遵守一定的原则,它贯穿于高校德育资源协同利用过程的始终。一是方向性原则,即高校德育资源的协同利用是为实现德育目标服务的,必须坚持明确的政治方向,以马克思主义为指导,维护社会主义意识形态的主导地位,为大学生的全面发展和健康成长服务。二是效益性原则,即在高校德育资源的协同利用中,产出与投入之间或者是所得与所消耗之间的比较,目的在于获得最大化的效益。三是整体性原则,即高校德育资源的协同利用不能仅仅依靠某种单一资源或某种类型资源要素的利用,而是要整合各个方面的多种资源要素形成合力。四是可持续性原则,即高校德育资源的协同利用既要满足当前德育实践的需求,又能为未来德育实践深入发展的需求考虑。在不同的历史时期、不同的社会条件下,高校德育资源的种类、结构、功能等都是不同的，但总体趋势是越来越复杂、越来越重视协同创新。尤其是现代科学技术的广泛应用，使得可利用德育资源的形态呈现由简单到综合、由分散到协同的特征，其发挥的功能越来越广泛、越来越综合。也正由于此，需要从提高高校德育资源的供给质量出发，进一步推动高校德育组织协同创新，矫正高校德育协同创新过程中不同程度存在的资源配置不合理现象，以增强德育资源供给对大学生需求要素变化的适应性和灵活性，进而提高高校德育资源协同配置和综合效能。

其三，高校德育组织协同创新有助于化解高校德育主体之间的矛盾和冲突。对高校多元育人主体之间错综复杂的关系而言，由于各自利益诉求不同，高校德育组织协同创新有助于促进主体之间的利益协调、深度合作，充分激发德育主体的活力。主体之间的协同创新，是基于一种内在的人格尊重和公共利益，每个个体都是共同体的一分子，这种交往方式体现了个人与他人、个人与社会的统一。德育主体间的交互与协作是一种相互的动态联系，德育主体各自目标的实现需要得到相互之间的尊重与支持，并在主体间的互动实践与价值成就中获得精神世界的充盈，进而生发对集体的强烈归属感，在内化为共同价值目标的过程中，促进主体的自我发展与集体的共同发展。实际上，高校德育组织协同创新强调共同的价值目标追求，并以此促进主体之间的相互协作、协同行动，也必然有益于主体之间矛盾和冲突的化解。

概言之，高校德育组织协同创新的价值在于综合、协同发挥各组织的育人力量，深度参与高校德育协同创新实践并最大限度发挥其育人功能。德育协同创新的组织结构反映了组织体系的性质与功能，因此，需要设计具有系统性、互融性的协同创新组织，使之在实践中充分发挥协同创新的组织生态，激发组织的互动和活力。

第三节　宏观维度：德育系统内外的复杂非线性互动

高校德育系统不可能完全不受外部因素的影响，也不可能完全受外部因素的控制，高校德育系统在与外部不断的物质、能量和信息的交换过程中，本身就是非线性的，也只有通过非线性互动，才能不断促进高校德育系统的演化。按照系统论的观点，给定一定的元素或子系统，元素或子系统又根据一定的作用方式形成一定的结构，便形成了一个系统。系统观念这一重要思维方法是将研究对象作为整体进行分析，通过研究系统的结构特征，进一步探究系统功能实现的方式。“系统意味着在一个整体中不同元素的相互关联，这个整体因此成为一个复杂的统一体。”①“动态性是系统存在的方式，绝对无动态的系统是不存在的。”②从系统动态运行的角度来看，高校德育协同创新在宏观上既包括系统内部的要素关联，同时包括与外部系统的互动，并在整体上决定着高校德育协同创新的运行实效与方向。

一、高校德育协同创新的非线性运行

高校德育协同创新由于内蕴的非平衡性、非线性，在其内在构成和外在运行过程中凸显出由封闭向开放的客观现象，也是其不断实现演化的体现。钱学森是我国深入研究系统科学的开拓者，在分析系统内含的结构层次性、组分特异性、系统过程性、系统动态性和系统非线性等基本特征的基础上，指出，

---

① ［法］埃德加·莫兰：《复杂的思想：自觉的科学》，陈一壮译，北京大学出版社2001年版，第235页。

② 舒也：《“系统哲学”与价值困境》，《浙江社会科学》2015年第11期。

“所谓‘复杂性’，实际是开放的复杂巨系统的动力学，或开放的复杂巨系统学”①。从结构层次来看，高校德育协同创新的非线性结构可从横向层面和纵向层面进行分析。从横向层面来看，系统协同创新包括若干既相互联系又相对独立的组成部分，相互之间密切联系和协同互动构成系统的整体功能。从纵向层面来看，协同创新又可分为若干子系统的协同创新，若干子系统的协同创新相互关联并形成整体系统的协同创新结构。高校德育协同创新具有复杂性，其结构实际上是要素和要素、子系统和子系统之间一切协同方式的总和，并决定了高校德育协同创新的性质和功能。与此同时，高校德育系统又是更大的社会系统的组成部分，构成与外部的非线性互动。因而，高校德育协同创新的非线性运行需要把握系统的整体性而并非系统各要素的功能叠加。

高校德育协同创新的非线性运行具有复杂多变性，在其运行过程中区分哪些要素是相对稳定的，哪些要素是在实际运行过程中表现出来的新样态，有助于整体上认识高校德育协同创新的运行特征。高校德育协同创新的非线性运行具有多样性、复杂性，其过程的构成要素既具有相对稳定性，又具有发展变动性。高校德育协同创新过程研究的最终目的，是为了高校德育实践中实效的提升。由于社会背景和主体需求的变化，要素之间的组合会呈现出复杂而不同的样态。因此，需要回到实践本身来探究高校德育协同创新过程，以实践的观点来分析高校德育协同创新的动态运行。首先，作为高校德育协同创新过程的要素是相对确定的，有其不变的一面，可以从已有的条件出发，在对高校德育协同创新过程的系统把握下进行要素分析。其次，高校德育协同创新过程的要素在呈现样态上又是不断变化的，其原因在于高校德育协同创新的动态运行过程既有既定的要素之间的联系，也有要素之间相互作用而构成的新要素。“由于主体及情境的因素以及互动式交往活动的深化，德育过程

① 钱学森:《创建系统学(新世纪版)》，上海交通大学出版社 2007 年版，第 200 页。

充满着变数”①,因而,需要用变化发展的视角来分析高校德育协同创新的过程要素,这些构成要素呈现的不同样态反映了高校德育协同创新过程要素的生成性、发展性。在不同阶段,不同德育协同创新过程要素之间的相互联系和相互作用,形成了特定阶段的高校德育协同创新实践样态,并在整体上体现了高校德育协同创新非线性运行的复杂性、多变性。

高校德育协同创新的非线性运行反映了德育协同创新结构转化为具体功能的过程。高校德育协同创新的过程核心目标是为了实现育人各环节的有序性、有效性,因此,需要关注高校德育协同创新过程中的影响因素、具体环节以及功能特征等方面。高校德育协同创新运行中面临的现实问题不是一朝一夕积累而成的,它是在渐进的具体运行过程中逐渐形成的。运用过程系统论的视角来分析各要素、各环节的关系,需要将其放在动态性运动发展中来认识。② 对此,还需要注重高校德育协同创新过程中的衔接性和动态性问题,注重从过程视角审视高校德育协同创新,在把握过程结构的基础上促进各环节的衔接。高校德育协同创新的运行也是一个充满复杂关系和矛盾的运动过程,存在于高校德育协同创新过程各要素之间和不同运行阶段。探究高校德育协同创新过程基本要素的关系及其矛盾运动,有助于更好地把握高校德育协同创新非线性运行的基本规律,推动高校德育协同创新实践发展。德育的过程属性展现为生成性、情境性和阶段性③,因而,需要树立过程性思维,根据高校德育现实问题在德育运行过程中的特点来进行探究。高校德育协同创新的非线性运行具有复杂性特征,遵循特定的逻辑线路和运行机制,是过程性与结果性的辩证统一。

高校德育协同创新通过系统内部要素的关联以及与外部系统的交互,引

---

① 杜时忠、管贝贝:《论德育的过程本质》,《教育科学研究》2013 年第 2 期。

② 参见王婧:《思想政治教育过程的矛盾理论研究述评》,《思想政治教育研究》2015 年第 1 期。

③ 参见杜时忠、管贝贝:《论德育的过程本质》,《教育科学研究》2013 年第 2 期。

发了系统不断的产生涨落。高校德育协同创新的运行离不开一定的环境，环境的不断动态变化也激发了高校德育协同创新的自组织性，从而应对各种复杂性、不确定性。实际上，系统自组织过程是一个不断偏离平衡、促发涨落，进而实现更高层次平衡的循环往复的过程，其中，涨落在这一过程中发挥了关键作用。系统在非平衡状态下，系统的开放性会进一步引发系统的非线性互动，并通过竞争与协作最终促使系统构成新的平衡，达到新的有序状态。高校德育系统的自组织性并非是追求固定的结构或形态，而是具有动态生成性，促成新的结构和形态生成。换言之，系统的优化是经历螺旋、循环上升的过程。因而，从研究的逻辑起点而言，可以从系统的无序状态开始，探究如何形成有序状态；也可以从系统的有序状态开始，探究如何经历无序状态再到新的更高层次有序状态的过程。显然，在系统的自组织过程中，有序和无序都是相对而言，都需要经历无序的混沌状态。

高校德育协同创新实践愈发展，高校德育协同创新的运行愈复杂。高校德育协同创新过程是德育主体有目的有意识地共同参与的整体性活动过程，它包含了德育协同创新活动的起始、过程、终点以及反馈，缺少任何一个环节都必然使德育出现脱节，影响德育整体效果。德育目标作为德育协同创新过程的内在规定，既规定着具体的德育内容，又制约着德育活动的开展，贯穿于高校德育协同创新全过程，是高校德育协同创新活动的出发点和落脚点。若缺乏明确的德育目标，高校德育协同创新过程则是盲目、无序、无价值的过程。高校德育协同创新过程要素不仅有客观存在的基本要素，而且有教育者、受教育者主动创设与选择的情境因素、条件等因素，使得德育载体、德育方式等更加多样，并且各种要素之间存在着复杂的相互作用，在这样的状态下需要树立复杂性思维来把握高校德育协同创新过程要素。同时，高校德育协同创新过程也是主体之间双向作用过程，这种双向互动促成了教学相长、共同发展。人才培养的全过程是具有阶段性的时序结构，是理论学习、实践锻炼和生活历练相结合的空间结构，也是知识、价值、能力、素养全面提升的螺旋结构，这些结构综合形成了大学生的成长历程,并贯穿大学生成长的全过程,只有过程要素之间相互贯通才能实现学生的价值塑造。从这个意义上而言,高校德育协同创新的运行是彰显人的主体性的过程,其有序性离不开多元主体能动性和创造性的发挥。

可见,高校德育系统内外的复杂非线性互动并不代表着高校德育协同创新的运行是杂乱无序的,与之相反的是各系统之间的非线性相互作用是高校德育协同创新有序结构形成的必要条件。在物理学中,合力这一概念指的是作用于同一物体上多个力加在一起的矢量和。因此,从宏观维度来看,高校德育协同创新的非线性运行有助于高校德育系统合力的形成。

二、高校德育协同创新的自组织性

协同学理论在宏观维度侧重研究集体的自组织现象。① 事实上,自组织现象广泛存在于自然界与人类社会中。热力学中,“熵”作为物质状态的参量,是对系统混乱程度的度量,“熵”的概念引入常应用于分析系统的状态。协同学理论认为,系统各要素之间的非线性作用是产生自组织性的关键。高校德育在开放的环境下,从外界持续获得物质、能量和信息,通过与外部因素之间的非线性作用触发系统涨落,引发系统“熵”的降低,促使系统从不稳定的无序状态发展到新的稳定的有序状态。这种不断循环变化的动态过程,促成德育系统向更加平衡的方向发展,在宏观维度形成空间、时间或功能上的有序结构。

通常而言,社会系统是自组织和他组织相结合的统一体,自组织和他组织两者并非矛盾,往往存在相互补充、相互统一的关系。从最初原点来看,社会系统通常通过他组织方式被组织起来后,逐渐又通过自组织规律、自组织运

① 参见鲍勇剑:《协同论:合作的科学——协同论创始人哈肯教授访谈录》,《清华管理评论》2019 年第 11 期。

行,使系统充满内在动力不断运行。可见,自组织理论注重系统要素的整体性、层次性和结构性,在优化系统要素之间的结构关系中提升系统的整体功能。

实际上,高校德育协同创新是具有一定自组织性的复杂系统,其运动变化体现在系统内部的自组织运动。系统自组织的前提条件是系统的开放性,只有开放的系统才能不断与外界环境进行物质、能量和信息的交换,并通过非线性互动,以降低系统所产生的“熵”,促使系统不断增加有序度。从高校德育系统的自组织性来看,对外部因素的影响是积极的、动态的,并追求内外动力因素的整合,以有效发挥内在的协调机制。随着大学生在不同年龄段的成长,个人学习、生活经历也会越来越丰富,主体自我意识会逐渐增强,在价值认知上不可避免地会出现困惑、模糊,甚至是错误的价值判断,因此,不同阶段的教育都需要注重育人效果的提升和强化。各要素只有协同发挥作用,才能确保高校德育协同创新活动过程的运行。同时,各环节的联系贯穿于高校德育协同创新活动过程的始终,其运行和发展变化,都依赖于各环节的衔接程度。不难发现,高校德育协同创新的自组织运动并不是简单的过程,有其复杂性、整体性,也会有其曲折性。

高校德育协同创新的自组织性依存于高校德育协同创新过程的结构。从结构的角度分析高校德育协同创新的过程,可从横向结构和纵向结构两个维度进行考察。从横向结构而言,高校德育协同创新过程的构成要素是包括德育主体、目标、内容、方法、环境、评估等诸多要素在内的综合体。其中,每一种要素都表现出多样性和复杂性。具体地说,每一个构成要素,会因不同的地区、时间、环境等方面的不同而不同。这些要素在横向结构中相互影响、相互制约、相互协调,其中任何一个要素或者各要素间的相互关系若协调不当,则会影响德育协同创新过程的完整性,继而影响德育的实效。从纵向结构而言,高校德育协同创新的过程体现为德育协同创新活动运行的各个环节,具体包括预备环节、实施环节和评估环节。首先,在预备环节中,需要了解高校德育协同创新的现状,认清共同所处的教育环境,并对德育协同创新活动的目的、内容、方式等进行方案制定,通过预备环节将使德育协同创新过程更具有目标性。其次,在实施环节中,即在预备环节之后的实施阶段,通过协同多元主体、协同各方资源等对受教育者实施全方位的教育,其主要任务是促进德育协同效应的形成。再次,在评估环节中,通过对实施环节所产生的德育效果进行评估,及时反馈德育协同创新活动中需要改进之处,从而促进新一轮的德育协同创新过程更为有效开展。教育者和受教育者互为联系,通过对个体的思想品德行为所产生的效果进行评估、反馈,进一步调整德育目标、德育内容、德育方法等,以便使受教育者更好地实现价值塑造。在高校德育协同创新过程展开的各个环节中,有着不同的任务和特征,呈现出各个环节的独立性和连续性。可见,在高校德育协同创新过程中,要素之间的协调、环节之间的整合循环往复推动着高校德育协同创新有序运行。

高校德育协同创新的自组织性首先发生于诸要素之间的相互联系和相互作用中。在高校德育协同创新过程中,人是最具活力的因素。一方面,高校德育协同创新系统面对人的多样性需求,需要及时完善德育目标、主体、内容、载体、方法等要素,并促进高校德育协同创新要素结构与功能变化的联动反应。另一方面,在人的多样性发展需求的制约下,不仅促进了高校德育要素结构优化,而且提升了高校德育系统功能,尤其体现在塑造现代人格,促进人的观念现代化,提升现代人的精神境界,为中国式现代化提供精神动力和智力支持。此外,在高校德育协同创新过程中,协同创新的实效不仅受不同教育主体的状况影响,同时还受教育环境和教育介体的影响。一是需要协调高校德育协同创新过程与外部环境的关系,这实际上是德育协同创新系统作为一个整体在运行中与外部之间的对立统一。二是需要协调高校德育协同创新过程的内部子系统的关系,主要指德育协同创新系统运行中内部的施教系统和受教系统之间的对立统一。三是需要协调高校德育协同创新过程中主体自身的关系,也就是最关键的两个要素即教育主体和受教育主体,两者构成了"双主体协同互动的关系”①。将高校德育协同创新视为一个连贯的过程，需要注重要素协调规律来促进高校德育协同创新实践。

高校德育协同创新的自组织性还发生于各环节的衔接和整合之中。在高校德育协同创新过程的各环节中，需要把握预备环节、实施环节和反馈环节相统一的环节整合规律。在现实高校德育过程中，常常缺少全过程的系统分析和组织跟踪，环节与环节之间并不协同，经常处于“两张皮”的运行状态，未能形成有机衔接、有序推进的过程。首先，需要分析社会思想道德发展要求与高校德育系统运行现状之间的关系，根据社会发展现实状况和人才培养需要，就高校德育协同创新的目标、内容、任务、方法等进行研究，并作出相关决策。其次，需要分析施教系统自身的关系、施教系统与受教系统之间的关系、施教系统与环体之间的关系、受教系统自身的关系、受教系统与环体之间的关系，将高校德育协同创新规划付诸实践。最后，需要分析德育实际效果与德育发展要求之间的差距情况，包括过程评估和结果评估，并把评估结果反馈给相关部门。从制定合理的目标和计划，到实施过程的有序衔接，再到协同创新效果的积极反馈，都需要遵循环节整合规律，“将高校德育过程视为一个环环相扣、相互照应的生态链条”②，从而促进高校德育协同创新过程各环节的有序衔接和自组织运行。此外，高校德育协同创新的自组织性还体现在高校德育管理中，使得高校德育管理的功能不再是传统意义上的计划、控制，更多彰显的是预判、协同和激励。具体而言，内在体现为激励德育主体的创造性，构建全员参与、全程联动、全方位覆盖的育人组织结构；外在体现为构建协同联动、共建共享的德育管理模式。

总体来看，高校德育协同创新的逻辑架构为进一步认识高校德育协同创新内部各要素、各子系统之间的复杂关系以及其与外部系统的非线性关联提

① 郁树廷、谢惠媛：《论德育过程中师生双主体互动关系》，《北京航空航天大学学报（社会科学版）》2011 年第 6 期。

② 周宏：《论高校德育过程“生态链”关系的协调》，《中国高等教育》2008 年第 9 期。

供了整体上的分析模型，呈现出典型的系统性、自组织性、协同性等特征。可见，高校德育协同创新的价值旨归在于充分整合育人资源、充分凝聚育人力量，在各种“关系”的协同互动中实现育人目标，这为高校德育协同创新拓展了广阔的实践空间。

第四章　高校德育协同创新的实施难题

高校德育为何难以突破“实效性困境”？这既与德育的主体、内容、载体、方法等要素有关，更与分析和破解问题的思维方式密切相关。张澍军教授认为，德育思维就是如何思考、解读、把握和建构德育行为实践活动的逻辑形势或观念样式，需要着力考察德育活动的深层根据、实现条件和价值意义。① 高校德育协同创新是理论性与实践性都很强的社会活动，有其实现条件和实施难题。面对德育理念的更新、德育环境的变化、德育主体的扩大、德育方式的迭代、德育时空的延展，都决定了高校德育协同创新的复杂性。把高校德育协同创新视为应然状态，作为发展趋向来追求，即为了适应社会发展而提出要实现德育理念、目标、主体、内容、机制等要素的协同。然而，这只是其中一个方面，还需要重视高校德育协同创新的实然状态，即作为事实存在的高校德育系统现实形态。因此，需要坚持问题导向，以破解高校德育协同创新的实施难题为主要任务。

不同德育模式诸如主体间性型、对话型、校本型、生态型等德育模式的提出，体现了对德育困境和危机的反思。② 批判、反思传统模式的思维方式为高

① 参见张澍军：《德育哲学引论》，中国社会科学出版社 2008 年版，第 39—42 页。

② 参见江宗超：《德育模式之关联性与发展趋势》，《教育评论》2015 年第 3 期。

校德育系统优化提供了新思路,促使我们进一步思考高校德育系统的主体性危机、工具理性的弊病、碎片化困境等问题。由于系统性主客观因素的影响,高校德育协同创新在实施过程中仍然存在诸多难题。因为大学生的价值塑造涉及学习、生活、实践等方方面面,这就要求凝聚各方育人力量,才能促成育人合力。当前,高校德育协同创新既在一定程度上按照预设的方向和目标有序发展,又在具体实践中面临着不可忽视的一系列挑战和难题,导致高校德育协同创新在推进过程中存在"乏力"现象。具体而言,主要体现为高校德育形态与协同创新理念存在差距,高校德育碎片化制约了育人实效,高校德育协同创新实践的动力不足等。

第一节 高校德育形态与协同创新理念存在差距

在对"形态"一词的阐释中,通常用来反映事物的存在或变化状态。德育形态是德育存在样式与变化状态的具体呈现,对高校德育具体形态的关注是德育研究的重要基础。德育理论研究由于"受规范伦理学的影响,以线性演绎逻辑为主,缺乏复杂性、动态性及整体性的思维方式"①。这一现象体现在当前高校德育形态则表现为:注重德育要素的确定性、德育环境的稳定性、德育过程的有序性和德育结果的可预测性。然而,现实高校德育实践并非如此,固定化、非此即彼的确定性思维方式往往会局限研究的视野。当今时代,社会发展和变化日新月异,高校德育协同创新所面临的挑战和难题处于不断变化中,包括德育目标、德育主体、德育内容、德育载体、德育方式等也都发生着新的变化。在开放、复杂、动态变化的高校德育系统中,若缺乏协同创新理念,而

① 杜时忠、孙银光、程红艳:《德育研究 70 年:回顾与前瞻》,《教育研究》2019 年第 10 期。

是沿用传统的分散化、割裂化的德育形态，那么将难以在育人过程中发挥德育的应然实效。

一、传统德育形态在现代社会的滞后性

在关于高校德育形态研究的文献中，可以看到，通常从“理论形态”“实践形态”“传统形态”“现代形态”“生活形态”等来进行论析。由于政治条件、经济发展、文化氛围、主体状态、社会实践方式等都发生了历史性变化，也必然推动着高校德育形态的历史演化。高校德育形态在不同的社会发展阶段中存在较大差异，具体体现在目标、主体、内容、载体、方式等不同，并展现出高校德育发展的过程性。德育作为具体的实践活动，从来不是抽象、空泛的，总是体现为多样化的形态和实践性的特征。传统的高校德育形态指向德育在社会历史发展过程中所呈现出的阶段性样态。在高校德育形态呈现的现象与本质中，现象是德育形态的外部呈现，而本质则是德育形态内在、稳定的体现。

由于我国高校德育现代化进程起步较晚，不可避免地存在理念滞后性、形式运动化、载体简单化等问题。从历史逻辑来看，由于德育是过程性的实践活动，每个时期的德育形态都是由其当时的政治经济环境所决定，因而其不同历史阶段都会存在相应的德育形态。在《21世纪以来我国德育研究发展现状的计量分析》一文中，通过系统总结与分析21世纪以来我国德育研究发展现状与未来走向，研究发现，“以往陈旧的德育观念、内容、方法、机制已滞后于时代发展，传统德育弊端日益凸显”①。伴随着中国高等教育的快速发展，大学生群体持续增长的成长需求与高校所能够提供的软硬件资源不足的矛盾逐渐凸显出来，具体表现为在教学资源、社会实践资源、日常管理、后勤服务等方面出现了滞后的现象。与此同时，高校德育体系也存在着诸多不平衡之处，比如

---

① 蔡文伯、常璐：《21世纪以来我国德育研究发展现状的计量分析》，《教育科学研究》2015年第1期。

传统德育与现代德育之间的冲突等。人既是德育的出发点,也是德育的最终旨归。传统的高校德育形态未能正确处理人的需求和人的发展这一主题,出现了"人学空场"的局面。现代德育理念的重要特征体现为对人的关怀,使其在现实生活中更好地体验和实践,使人成为真正意义上的"人",充分彰显人的主体价值和生命意义。当前,由于高校德育协同创新的复杂性,延用传统的德育理念、方式往往效果不佳,因为传统的德育理念更多的是强调确定性、线性思维方式。反思高校传统德育形态,有助于进一步探索新时代背景下高校德育体系的本土化、现代化建构。

近些年,虽然高校德育要素结构与运行过程等问题已逐渐优化,但与协同创新理念仍存在差距。在创新、协调、绿色、开放、共享发展理念的现代社会背景下,高校德育更为注重协同创新。新时代背景下,改革开放和社会主义现代化建设深入推进,促进人的全面发展和社会全面进步对高校德育体系构建提出了新的更高的要求。优化高校德育体系事关中国特色社会主义事业后继有人,是一项重大的系统工程。正是对高校德育形态转型发展的认识深化,不断将高校德育协同创新研究引向深入。当前,"协同育人模式对传统单一的课堂育人模式产生了巨大冲击"①,高校德育形态迫切需要从传统形态向现代形态转型,这也是高校德育适应现代社会的现实需求。高校传统德育形态在现代社会的滞后性正是源于长期以来对高校德育发展规律、协同创新理念等方面存在认识偏差。现代社会对传统的高校德育模式带来了巨大变革,从传统的高校德育体系向协同创新的高校德育体系转变,既包括育人目标、育人主体、育人内容、育人方法等方面向协同化转变,还包括协同育人机制的建构,形成高校德育协同创新系统结构。

高校德育形态的突出特征在于不断更迭、演化,德育要素之"多"、过程之"联"以及形态之"变"既是高校德育的呈现方式,也从根本上反映了高校德育

① 赵新峰:《协同育人论》,人民出版社 2013 年版,第 124 页。

的系统演化。现代社会的快速发展使得大学生群体呈现出新时代的特征，传统的高校德育形态已不能完全适应新时代大学生的全面发展需求。比如，传统德育常常被人诟病为教育者对教育对象的单方面理论灌输，而未充分考虑教育对象的主体性地位和身心发展规律。高校德育体系应不断优化和创新，牢牢把握大学生需求的多样性和变化性。从社会发展现实来看，对个性的尊重已是现代社会的重要现象，对于当前以“00后”为主的大学生而言，发展个性、彰显个性已成为他们的重要标签。从大学生本身实际来看，由于受主客观因素的影响，在经过家庭、学校和社会的共同教育环境下，在价值认知和道德素养上产生了一些差异性、层次性，不同个体之间有较大的不同，甚至同一个体在其不同成长阶段也具有较大不同。高校德育协同创新是一个逐步探索、逐步完善的过程，从根本上说，高校德育协同创新的目标在于“立德树人”，而“立德树人”的核心即是要“围绕学生、关照学生、服务学生”，这充分体现了大学生在高校德育协同创新过程中的重要地位。因此，在高校德育协同创新过程中，应改变以往固有观念，在肯定德育知识对于大学生价值塑造重要性的同时，把知识学习、能力培养与德育实践相结合，让大学生在实践中体验生活、接受教育、锻炼提升。

传统德育形态往往以“先入之见”的方式影响着高校德育协同创新实践，当然，在改进传统高校德育形态的同时，应当继续传承已有的德育优势。为此，应继续巩固高校德育理论与实践的成果和经验，坚定德育的社会主义方向，并融入多样化的实践教育环节中，在高校德育协同创新的推进中不断提升德育的实效性。

二、高校德育主体的协同创新意识薄弱

尽管高校普遍积极探索德育工作的协同开展，但在实施过程中仍然存在一些突出问题，其重要原因是德育主体的协同创新意识薄弱。高校多元德育

主体之间虽有共同的价值追求,但也有着各自不同的利益诉求。从高校德育系统的整体运行来看,主体的分散化导致相当一部分德育主体在身份上处于模糊状态,这种界限不清显然削弱了多元主体的协同创新意识。“就高校德育现状而言,相关主体普遍存在一种错误的观念,认为德育是德育机构的事情,只要投入足够的物质资源、人力资源即可,无须主动构建社会关系网络和维护社会关系资源”①。我国虽然在高校德育方面投入了大量的人力资源,但由于主体协同观念的不足、创新意识的薄弱,一些高校教师在育人观念上还相当保守,认为高校德育只是学生工作部门的职责,甚至只是辅导员的事情,没有从根本上树立全员育人意识和协同观念。以广大教师为例,要求在传授课程的知识过程中渗透价值观或道德意识的引导。然而,在实际教育过程中,广大教师并非都有这种价值引导意识,仍然存在“重智育轻德育”“重教书轻育人”“重科研轻教学”的偏差。此外,管理育人、服务育人、科研育人等相关主体也存在类似观念,仍然依赖于传统的育人模式,缺乏协同育人的积极性。教育者和受教育者由于角色定位不同,因而利益诉求也有差异。在德育活动中,教育者和受教育者之间往往处于一种非平衡状态,更有甚者,由于教育者具有一定的主导权和对受教育者的管理权,导致在观念上教育者地位高于受教育者的思想误区。同时,受教育者存在倾向于被动接受教育和灌输的现象。

其一,教育主体对协同创新的重视不够。高校的课程育人、管理育人、服务育人等都有明确的育人主体,然而,在具体实施育人过程中,全员育人的观念意识不够深入,导致德育工作存在脱节现象。教育主体所在的机构部门如教务部门、学生工作部门、共青团组织、后勤服务部门等在开展育人工作中,部分工作部门更多关注的是自身所在岗位或部门内部工作的完成,对与其他工作部门协同开展育人工作的意识和积极性并不高,造成不同部门之间难以协同发力,“这样一种割裂忽略了专门德育的限度,也破坏了学生思想道德形成

① 童志坚:《高校德育共同体构建的策略分析——基于社会资本理论视域的探讨》,《教育评论》2014 年第 8 期。

的统一性和完整性”①。辅导员、班主任、心理辅导教师、就业指导教师等面向学生生活、心理、就业等多个方面，不同的德育工作者在各自所在的岗位积累了一定的教育方式服务于育人目标，但也存在相互之间缺乏有效联动的问题。辅导员忙于学生日常管理工作，容易忽视大学生思想引导；思政课教师重视课堂教学，缺乏对大学生日常思想行为的关注；专业课教师重视知识传授，对学生价值塑造重视不够；管理服务人员忙于各类行政事务，缺乏服务育人意识等。面对立德树人的新要求，如何做到全员育人，真正实现育人主体的合力效应仍然面临着各种挑战。从主体维度上，需要树立全员育人理念，调动全员育人积极性和压实主体责任，联动多方主体和完善协同机制。

以高校辅导员队伍为例，辅导员在高校育人队伍中有着特殊地位和作用。在《普通高等学校辅导员队伍建设规定》这一文件中，规定了辅导员承担着思想理论教育和价值引领、党团和班级建设、学风建设、学生日常事务管理、心理健康教育与咨询工作、网络思想政治教育、校园危机事件应对、职业规划与就业创业指导等职责。可以说，辅导员队伍是高校德育的关键力量。从高校专职辅导员的数量来看，“我国高校专职辅导员规模从 2004 年的 4 万余人到如今 14 万人”②，可以看到高校专职辅导员在数量上的快速增长。然而，在高校德育工作中，辅导员队伍存在“职责不清、身份不明、发展不畅、职业认同感、归属感和成就感低等现实问题”③，势必影响辅导员这支关键队伍在高校育人工作中本该发挥的重要作用。可见，从育人队伍的整体上而言，尽管教育主体都有育人功能，但协同育人实效往往不强，呈现形式主义的弊病，造成高校德育出现盲区等。

---

① 蔡秀梅：《协同育人视角下学校道德教育的有限与有效》，《教育学术月刊》2021 年第 11 期。

② 赵秀娟、张明志：《论高校辅导员职业价值的逻辑意蕴与实践观照》，《思想教育研究》2023 年第 3 期。

③ 赵玉鹏、杨连生：《专业社会化：高校辅导员职业发展的新视角》，《湖北社会科学》2022 年第 6 期。

其二,教育对象即大学生群体的协同创新意识不强。大学生普遍思维活跃,接受新事物的能力较强,然而对现实问题、知识结构的理解缺乏全面、深层的认识,导致判断能力、选择能力相对欠缺,应对复杂问题缺乏协同创新思维。① 当前,大学生协同创新意识的发挥仍然比较有限。高校开展的一些协同创新活动、各类竞赛等,大学生参与的热情并不高,而是更多的专注于专业知识和技能的学习,关注自身的考试成绩,把成绩高低作为衡量自身能力强弱的指标,对各类团队活动、创新活动的开展持保守观点。一些大学生虽有协同创新意识,却得不到有力的指导,也限制了自身协同创新能力的发展。大学生思想行为的问题表现,在某种程度上是外部环境的折射。离开了生活世界的德育,就失去了生命力。割裂教育与生活世界之间的关联,试图通过理想化的教育环境开展育人工作并不现实,也将影响学生辨别能力、协同能力和批判能力的培养。

在高校德育主体之间,如何增强协同创新意识?如何推动其实现良性互动和有效对话?显然是高校德育协同创新实践不可回避的问题。协同创新理念下,学校师生员工都是育人主体,需要激发育人主体活力,汇聚育人合力,不断增强师生员工积极参与高校德育协同创新的内生动力。从根本上来说,高校德育的实效如何,很大程度上取决于教育者和受教育者之间的互动、协同程度。高校德育不仅要关注学生当下的难题,也要关注学生的长远发展,想学生之所想、思学生之所思。协同学理论强调系统内各组分之间的联系性和交互性,因而,在高校德育协同创新实践中,教师与学生应当具有平等的信息交互地位,彼此相互信任的进行信息交流。在推进高校德育协同创新进程中,作为供给侧的教育者需要具备强大的引导能力和协同能力,与此同时,作为需求侧的受教育者需要增强协作意识、沟通能力,主动适应时代发展变化,在社会生活中发挥自身的才能和力量。

---

① 参见金鑫、刘琦:《大学生协同创新能力培养探析》,《学校党建与思想教育》2017 年第 1 期。

第二节　高校德育碎片化制约了育人实效

从协同学理论来看，每一个独立的子系统实际上都是一个复杂系统。在高校德育实践中还存在不少薄弱环节，在一定程度上存在德育目标缺乏有序递进、德育内容缺乏融通、德育方法割裂化等现实问题，导致高校德育协同创新从理念到实践的多个环节受阻，导致缺乏育人合力，“因为割裂的结果必然是德育本真的丧失及异化的产生”①。新时代背景下，高校德育面临新的要求和挑战。比如，将德育融入教育教学与学生成长成才过程中，存在难以有效融合的问题；如何利用大数据、人工智能等创新德育方法；如何结合新时代青年思想特征开展德育工作等。人的思想观点随着社会不断发展而发展，如果德育理论脱离青年大学生的思想实际、脱离现代信息技术的深度融合，则容易影响德育的实效。高校德育协同创新只有与现代性的话语、理念、目标、技术相结合才能得到现实的观照，如开放性、多维性、复杂性、不确定性等要素关系使高校德育协同创新具有系统性、多样性、复杂性的特征。

一、高校德育要素之间的藩篱

高校德育作为内在构成要素多样化的系统，在具体的运行过程中，具有典型的复杂性特征。要素之所以成为系统的基本单元，是因为有其特定的功能。各要素之间既相互独立，又相互作用，共同构成有机整体，才能体现其整体功能。如何确保不同构成要素之间的目标一致、运行协调和效果整合，成为高校德育协同创新过程中的复杂性问题。“简单性可以有统一的形式，但复杂性

① 高德胜：《知性德育及其超越——现代德育困境研究》，教育科学出版社 2003 年版，第 103 页。

则有多种类型。”①在现实中,充满复杂性的系统必然会在具体环境、表现形式和运行方式上呈现多样化的模式。若对高校德育系统的复杂性、系统性认识不足,容易导致高校德育的简单化、碎片化、割裂化等现实问题。

(一) 高校德育目标的碎片化

从高校德育目标体系而言,由于各阶段德育目标层次划分的不同,存在缺乏有序递进的碎片化现象。大学生的成长成才具有阶段性特征,在不同学习阶段有着不同目标,具体体现为个体的知识、能力、价值的综合培养。德育是施教过程和受教过程的统一,受教育者在教育者的教育、引导下实现价值塑造,具有明确的目标指向。德育目标是全部德育活动所蕴含的价值取向和实践指向,是德育活动的出发点和归宿。德育目标的确立受一定社会历史条件的制约,是兼具社会规定性和个人发展性的一种价值追求,强调社会价值与个人价值的统一。正是如此,高校德育目标也必然会在明确总体方向的前提下,其具体内涵则会随着不同历史阶段和具体环境而相应变化和调整。高校德育目标这一范畴,可概括为三个层次,一是国家层面规定的总体目标;二是高校对大学生政治、思想、道德等方面所做出的规定;三是大学生个体在政治、思想、道德等方面应达到的目标。概括而言,高校德育目标不是单一的,而是一个目标体系,可将高校德育目标分为根本目标和具体目标。高校德育的根本目标是更高层次意义上的价值追求,引领高校德育运行的方向。高校德育的具体目标则表现为多样化,根据不同阶段、具体条件、具体活动以及不同对象而设置的具体目标。可见,高校德育的根本目标和具体目标之间有着密切联系,并形成了两者之间互为支撑的张力。

针对不同学段的大学生群体,高校德育目标由于层次性和协调性不足,不

---

① [英]欧阳莹之:《复杂系统理论基础》,田宝国、周亚、樊瑛译,上海科技教育出版社 2002 年版,第 10 页。

能完整地体现大学生成长发展的清晰轨迹，难以符合学生德性培养由低至高、由“他律”到“自律”的发展规律。同时，高校德育的具体目标存在功利化现象，如将考试过关率、教学好评率等可以量化的具体指标作为目标，未能始终坚持立德树人的目标，影响了德育功能和总体价值的发挥。在功利主义的影响下，德育价值容易被异化或者中立化。若高校德育目标倾向于培养社会人，则容易偏离德育的本质，造成个体的个性化需求无法得到满足，也将造成需求与供给之间存在较大不平衡。高校德育目标的最终实现是以共同的价值认同为基础，如果大学生在德育过程中的真实经历和感受与教育者所倡导的德育价值目标不一致，则会削弱德育目标在大学生心目中的地位。因而，高校德育目标体系需要注重个体发展与社会发展之间的协同。

实际上，各阶段的具体德育目标是一个内在统一的有机整体。大学生成长在不同阶段表现出来的成长需求、身心特点、生活阅历、接触环境不同，其思想认识也会经历从不成熟到成熟的发展过程。由于大学生在不同阶段经历心理变化、思想变化，高校德育目标既要拉开层次、各有侧重，又要相互衔接、层层递进。高校德育目标体系的动态调整是主动性与被动性的统一。一方面，主动性来自大学生成长需求而适时作出的调整；另一方面，被动性来自外部环境的变化以及不同阶段的德育要求。面对新时代大学生群体思想活动的多元性和差异性，既要突出价值引领又要注重大学生的个体发展需求，实现对大学生价值观念的全面引导。具体而言，根据大学生的不同成长阶段、多样化的思想状况和需求，因势利导设计差异化、阶段化的德育目标，以满足大学生的多层次需要，不断巩固马克思主义在高校德育中的指导地位，不断提升高校德育目标体系构建的科学化水平。

（二）高校德育内容的碎片化

从高校德育内容体系而言，尽管高校德育内容能够做到方向明确、主题清晰，但是在德育协同创新实践中存在难以有效融合的问题。德育内容是德育实践得以有效开展的重要基础，缺失了内容，德育也就成为“无源之水、无本之木”。高校德育内容系统以分门别类的形态存在，由不同具体要素组成，不同要素在一定规律下的搭配组合，形成不同的内容结构，并以价值体系和价值引领为重点内容。高校德育内容的多样性形态，既包括观念形态的内容，如马克思主义理论、共产主义理想信念等；也包括精神成果形态的内容，如马克思主义中国化的理论成果、以爱国主义为核心的民族精神、以改革创新为核心的时代精神、改革开放精神等；还包括行为规范形态的内容，如社会主义道德规范、法治规范等。多样性的高校德育内容之间存在交叉性、关联性，对受教育者的价值塑造和成长发展，具有至关重要的作用。高校德育内容能否为大学生接受并发挥实际效果，有赖于高校德育内容结构的科学性与合理性。高校德育内容体系具体体现为结构体系，其碎片化主要体现在纵向上和横向上。

首先，在纵向上各学段的德育内容缺乏分层递进。高校德育内容在不同学习阶段，有其特定的内容。对于教育对象而言，同质性知识的反复接收容易滋生教育边际效用递减等问题。高校德育内容要遵循由浅入深、循序渐进、螺旋上升的基本原则，并根据学生不同阶段的成长需求、身心发展状况去展开相应的教学内容设计，避免简单重复。例如，在讲时代精神时，中学阶段重在通过常识性学习，典型案例分析来提升对时代精神的理解；大学阶段重在通过理论性学习，增强使命担当，引导大学生汲取精神力量，自觉融入自身的理想奋斗之中。大学生的思想观念、政治意识、价值取向随着时代发展而不断变化，提高社会主义意识形态的认同，应当增强德育内容自身的解释力和吸引力，引导大学生塑造人格。高校德育内容的层次性不能忽视不同学段大学生身心发展的特点，需要体现递进式的发展要求。同时，高校德育内容不能忽视大学生品德发展的基本规律，需要突出不同学段的有效衔接。针对高校德育内容存在一定程度的简单重复交叉和脱节的问题，需要注重高校德育内容在纵向上的合理安排、协同创新。如果对大学生品德发展的阶段性特点认识不清、把握不准，则难以对高校德育内容进行学段化的分解，从而导致不同学段德育要求和内容等方面的简单重复现象。

其次,在横向上各模块的德育内容缺乏有效融通。高校德育内容的不断拓展和多样性,提升了德育的解释力和实效性,但也因为其内在的内容多样、功能目标多样,存在如何合理、有效、充分地协同多样化德育内容、克服德育内容碎片化的难题,其本身也具有复杂性。此外,需要注重德育课程内容与专业课程内容之间的内在联系,挖掘专业课程中的育人元素,注重全方位引导学生。因此,要在高校德育总体目标要求的前提下,突出人的全面发展需要及价值追求,着力构建符合时代新人需求层次特点和成长规律的高校德育内容体系。通常而言,德育知识包括狭义层面和广义层面,课堂中的德育知识是有限的,生活中的德育处处体现,正如教育家陶行知先生曾指出,教育要通过生活才能发出力量而成为真正的教育。然而,“知性化的德育内容忽视了道德情感和道德体验,脱离了道德生活实践,导致大学生的道德知识与道德行为相脱节”①。高校德育内容本身具有很强的理论性和概念性,但这并不意味着它可以脱离社会生活实践而存在。德育本身就是生活世界的一部分,应回归现实生活,并不断从时代发展变化中挖掘出新的德育内容。将生活中的道德现象引用到课堂教学中,有助于促使大学生对德育内容的理解更为具体和生活化。高校德育内容应贴近大学生的生活,避免德育内容的空泛化。从大学生的价值观念的塑造来说,由于德育知识相对抽象,使得大学生的德育认知往往会局限于理论层面而难以落实到实践中,而生活化、形象化的德育认知往往在头脑中更加深刻的理解,并促使大学生在实践中进一步深化认识。高校德育的最终目标是促成学生的价值塑造,因此,引入生活化的德育知识有助于促成德育内容体系的整体性建构。然而,在高校德育实践中,往往倾向于德育“课堂化”的育人模式,德育内容之间缺乏融通,德育理论和现实生活之间存在着距离。

---

① 张俭民、董泽芳:《对话德育:高校传统德育的困境与超越》,《教育科学》2017 年第 2 期。

高校德育内容体系不能固守传统结构范式，需要根据时代发展和协同创新理念不断完善内容层次和内容结构，形成具有逻辑自洽性的系统性的德育内容体系。为了满足青年大学生的成长需求，高校德育内容应围绕人的全面发展不断拓展和深化。高校德育内容已经逐渐形成了一套独立的、科学的、系统的内容体系，深化了对人的思想品德形成发展规律的研究、德育内容优化规律的研究，使得其教育内容在整体上日益完善和不断创新，发挥着对人的全面发展的引导和激励作用。在横向关系上，体现在各学科都具有育人功能，而并非是德育课程所特有；在纵向关系上，体现在根据不同年级、不同成长阶段大学生的思想状况、心理特征等有针对性地进行德育内容设计。如何实现纵向的内容衔接与横向的内容贯通，如何优化德育内容设置，使不同教育阶段的德育内容形成由低到高、由浅入深、螺旋上升的整体性体系，仍然是高校德育内容体系整体性构建的重点和难点问题。同时，也要看到高校德育内容在一定程度上存在理想化、简单化倾向，过于注重德育内容的模块划分和固化，阻碍了德育内容的整体性功能发挥与时代性创新，进而容易导致德育内容缺乏吸引力、解释力和时代感。若高校德育内容固守传统解释范式，往往容易忽视个体内在的德性教育，也容易导致适应新时代社会发展的新的德育内容被排除在德育内容体系之外。规范性德育内容是高校德育内容体系的重要基础，但不意味着代表全部内容。特别是在当今社会深度转型过程中，高校德育应发挥价值引导、价值塑造等功能，及时回应大学生面临的成长问题和心理困惑，增强社会主义意识形态认同度，防范道德虚无主义、极端个人主义等错误思潮的不良侵蚀。因此，需要构建完善的高校德育内容协同体系，提升高校德育内容供给能力。

（三）高校德育方法的碎片化

从高校德育方法体系而言，在高校德育方法的运用上还存在着简单化、割裂化的现象。新时代高校德育方法的综合化的态势以及德育现实空间与虚拟空间融合的趋势，都要求当前德育工作亟须加强德育方法的协同创新。然而，在德育方法创新模式上，仍存在信息滞后、互动性不强、说教味道浓厚等问题。从哲学角度来看，教与学在德育实践中是一对矛盾的存在。在这对矛盾中，应发挥教育者和受教育者的主体性地位。尤其是要激发受教者的主体意识，摒弃传统德育的“灌输知识”模式，充分激发自我学习，将被动接受转化为主动需要。德育过程注重主体的内化，德育方法的实施往往决定了德育的效果。高校德育应深入了解当代大学生的思想、心理等特征，遵循“知、情、意、行”的教育规律开展。“实现价值引领仅有对精神价值的认知是不够的，还需要与之相应的情感和意志支持。”①显然，若德育方法过于单一化、碎片化、理论化，则与德育的教育规律不相符合，对受教者而言容易导致逆反心理，也使得教育者和受教育者在内心情感上难以形成深度的交流与互动。正是通过激发和调动主体的积极性和创造性，才能从根本上促进大学生的全面发展。高校德育协同创新需要多种方法的有效整合与综合借鉴，要打破单一德育方法的“孤岛现象”，探索多种方法在高校德育协同创新过程中的融通使用，聚合多种方法实现德育目标。人的价值观念、政治素养的生成、提升是一个长期过程，将德育过程看成是单一的知识传授活动，将知识灌输作为教育方法，则难以促成人的价值塑造。可见，教与学两者之间是统一、完整的过程，教育者和受教育者应当在不同方面共同发挥主体作用。

首先，由于受传统观念的影响，统一化、形式化的德育方式方法忽视了德育主体的能动性和创造性。传统的德育方式“将学生的‘听话’取代了师生之间的‘对话’”②，实则导致了对话的丧失。德育不同于其他科学知识教育或职业技能教育，它需要以认知、情感、体验等系统方式方法促进内化于心，同时不能忽视个体的自我教育和自我提升在德育中的重要性。与德育知识内化规律不相符的德育方式方法，由于未能有效结合大学生内在自发的成长需要，而

① 代玉启：《论高校典礼文化的精神价值与育人功能》，《高等教育研究》2018年第7期。

② 张俭民、董泽芳：《对话德育：高校传统德育的困境与超越》，《教育科学》2017年第2期。

是外在地被动感知，因此也就缺乏行为主体的对话交往过程。实际上，对于每一位大学生而言，价值塑造具有体认性，即需要自身去交往、实践和认同，需要经过从他律到自律的过程，最终内化为自身的德育认知。高校应为学生提供广阔的自我教育平台，鼓励大学生进行自我教育，让学生在专业培养、集体活动、对话交往中不断完善自我、提升自我，发展自身积极乐观的个性品质，增强自身的主体性、创造性，进而满足自身全面发展和素质提升的需要。同时要看到，在激发大学生主体性时，应避免出现个人主义的倾向，而应注重在个体发展和群体发展相互融合的基础上实现对个体潜能的挖掘，使个体发展和群体发展产生更为积极的交往互动。

其次，高校德育方法往往以课堂教学为主的方式，忽略了“社会大课堂”的德育价值，容易导致德育工作在生活中走向“失语”的困境。当大学生步入社会才发现，课堂上的知识与社会现实存在较大反差，德育理论与实践的脱节也会导致德育实效不明显。价值塑造需要在德育实践中内化，若缺乏实践和体验，德育知识将难以内化于心、外化于行，因而需要科学组织和安排德育实践活动，否则德育实践活动往往流于形式。在现实高校德育实践中，课程开设与实践开展缺乏协同共进，缺乏根据同期开设的课程进行实践活动主题的设置，也缺乏针对德育实践活动主题的开展在课堂教学中加以理论上的深化提升。相比较而言，大学的第一课堂有着较为严格、系统的评价指标，而大学的第二课堂对大学生德育引导缺乏明确、规范的指标体系，导致当前不少高校在人才培养过程中过于强调专业教育的重要性，对大学生德育实践的重视不够。如，对第二课堂学分认定的相关制度不完善；大学的第一、二课堂之间缺乏有机联系；忽视校园内外的社会实践活动对大学生德育的影响；在教育资源投入方面存在不均衡现象，过于重视专业教育的资源投入，而第二课堂的各种活动往往由于资金投入不足，导致难以发挥第二课堂的育人实效。价值塑造在本质上是实践的，只有在社会生活中不断实践，才能更好地塑造德性。对于大学生而言，由于大部分时间身处学校环境中，更需要通过丰富的实践活动来增强社会实践方面的能力。如果高校德育在教育途径上不能与社会生活有机结合,其育人效果必将受到影响。因为价值塑造一旦忽视实践的体验只会导致多数学生德性培养仅仅停留于认知层面,难以内化为真正的素养。“有些教育者在组织开展道德体验活动时,往往从主观愿望出发进行道德体验活动设计,无视学习者的内在道德需求,脱离学生的生活经历和道德需求”①。因此,在对大学生进行德育培养时,需要注重德育知识与实践体验的融合,坚持在实践中得以锻炼、得以强化,强调知行合一的意义和价值。在高校德育协同创新过程中,应不断创新德育方法,改变抽象化、理论化的德育方法,将德育理论与实践有效结合起来,融入日常生活之中,完成主体对德育的价值认同,并通过德育实践将德育价值进行外化。

再次,高校德育在显性德育与隐性德育等不同德育方法之间存在割裂现象。当前,高校德育方法日益多样,特别是信息技术的广泛应用增强了德育的吸引力和感召力。“信息技术与教育的深度融合,改变了传统教学的组织方式,突破了时空界限和教育群体的限制”②。随着信息和传播方式的数字化,网络信息传播的便捷性将高校德育置于更为开放的环境中,网络信息传播的高效性与不良社会思潮的强渗透性之间的矛盾始终存在。若对信息技术的影响认识不足或准备不充分,则容易受到多元舆论和纷杂社会思潮的冲击,造成教育主体权威与主流意识形态的弱化。如何在纷繁复杂的网络信息中传播社会主流意识形态,如何借助网络媒体技术增强德育的实效性,也是高校德育工作者需要尤为重视的问题。然而,对理论讲解、报告宣传等显性教育方式的注重,容易忽视文化涵养、实践育人、环境熏陶等隐性教育方式,这种单一化的教育方式无法让各种育人要素形成合力。显性德育方法与隐性德育方法在德育实践中各有优势,相互补充。但在具体高校德育实践中,显性德育方法与隐性德育方法存在相互脱节、彼此孤立的现象。一方面,显性德育方法仍然是主导

① 周健民、陈飔、曹建明:《高校体验式德育探究》,《高等教育研究》2017年第6期。
② 杜占元:《面向2030的教育改革与发展》,《教育研究》2016年第11期。

性方法，隐性德育方法虽然受到研究者关注，但实践应用显得不足，其功能发挥有限，仍然处于从属地位。另一方面，理论上的“显”中有“隐”和“隐”中有“显”模式在高校德育实践中仍然未能有效融通。究其原因，是对隐性德育方法的重视程度不够。人的价值塑造过程既可以是直接的，也可以是间接的；既可以是显性的，也可以是隐性的。然而，在现实高校德育实践中，往往更多强调的是直接的、显性的德育方法，在很大程度上忽视了间接的、隐性的德育方法的重要作用。如博物馆、纪念馆、故居旧址、文化遗产等仍然有着非常重要的育人功能，可定期组织大学生进行实地考察和现场教学，“淡化他们‘受教育者’的角色意识，在自觉自愿或在不知不觉中接受德育的内容”①。

总体来看，高校德育在目标体系、内容体系、方法体系等方面存在的碎片化现状难以满足当前高校德育协同创新实践的深入开展，也未能满足高校德育协同创新的价值诉求。德育目标、德育内容、德育方法等体系构建虽然是德育主体制定或选择的，但它不是任意制定或选择，而是要紧紧围绕立德树人根本任务和受教育者的特点创新性地展开、系统性地构建。高校德育目标的实现需要借助融通性的德育内容、多样化的德育方式方法，这就要求德育理论研究和实践工作者充分尊重教育规律、学生成长规律。当前高校德育存在着如何把握青年大学生时代特征的问题，需要科学分析青年大学生的成长规律和发展的阶段性特征，系统构建德育目标体系、内容体系、方法体系，真正服务于青年大学生的全面发展，从根本上促进德育实效的提升。面对当前社会价值日趋多元化带来的冲击和挑战，高校德育要适应时代发展的变化，不断优化德育目标体系、内容体系、方法体系，在尊重受教育者个性化、差异化成长需求的基础上，准确把握受教育者的个性特征、成长困惑和思想动态，开展有价值、有深度、有层次的引导。通过坚持正确的价值导向，不断增强学生的理想信念和道德规范，增强学生防范道德风险和抵御不良观念的能力，引导学生运用科学

① 张炜、李祥永、陈智玲：《专业课程隐性德育资源开发利用刍议》，《思想政治教育研究》2018 年第 5 期。

的思维观念，客观地看待社会现象。为此，高校应立足于立德树人根本任务，破除德育要素之间的藩篱，探索符合大学生成长发展规律的系统化、协同化的德育目标、内容、方法等，不断增强对大学生的价值引导力。

二、高校德育内外联动不够与宏微衔接不当

在推进高校德育协同创新实践过程中，客观上存在着不容忽视的多元育人力量分散和非平衡形态。高校德育协同创新的开放性决定了高校德育系统与外部系统之间存在着不断的物质、能量、信息交换。实际上，高校德育协同创新面临着内外各种不确定性因素，一是内部不确定性因素，如在德育协同创新过程中制定的目标与现实实践情况的不协调、不适应将会导致难以达到预期目标；德育管理队伍的职业素养、专业水平、工作经验等因素均会影响德育实效；管理制度的疏漏、管理方向的偏斜等都将产生消极影响。二是外部不确定性因素，主要涉及外部力量对德育协同创新过程造成不平衡局面的影响。大学生的价值塑造是高校、家庭、社会等方面共同作用的结果，是教师、家长、社会力量等多方面努力的结果，是知识学习、交往沟通、社会实践等多方面活动的结果，因而必然需要增强高校德育力量的内外联动。

然而，在高校德育协同创新实践中，由于受传统德育观念的影响，学校德育容易被当成是"唯一渠道"，家庭教育和社会教育存在"缺位""错位"现象，造成家庭德育、社区德育等渠道的育人功能并未有效体现。有学者认为，"就当前家庭和社会环境现状来看，学校是背负着本来应该属于家庭和社会的一部分责任在孤军奋战"①。事实上，从社会大系统而言，高校德育系统只是社会的一个子系统，这种自组织运动是相对的，会受到来自系统外部环境的制约，并在外部环境的影响下在结构上相应发生变化。高校德育协同创新是提

① 蔡秀梅：《协同育人视角下学校道德教育的有限与有效》，《教育学术月刊》2021 年第 11 期。

升育人实效的重要举措，但在运行过程中由于横向协调、纵向衔接、有机联动不够等问题，制约了协同效应的发挥。为此，高校德育协同创新作为一项系统工程，不仅需要通过学校这一渠道，同时还需要通过家庭、社会各界的多维协同，应构建以学校为中心，政府、企业、社会和家庭协同发力的育人体系，实现校内外育人力量互联互通和育人资源深度整合。

高校德育协同创新既有自身的运行逻辑，又是受宏观和微观环境影响的有机体。宏观环境是指高校德育所处的大环境，主要由政治、经济、社会、文化、生态等环境要素构成；微观环境主要是指具体的教学环境、生活环境、实践环境等方面。“高校德育低效在一定程度上源于高校德育与内、外环境的链接断裂”①。在外部不断发展变化的环境下，高校德育协同创新面临的现实问题和挑战甚至以涌现的状态表现出来，其本质反映了高校德育在现代转型过程中传统性与现代性同在、滞后性与创新性并存、宏观环境与微观环境共同影响而构成的系统的复杂性。因此，要正确处理好育人环境与育人目标、内容、方法等之间的关系，避免认为育人环境的改善即是育人成效的“唯环境论”的错误观念。同时，要正确处理高校德育协同创新宏观环境与微观环境、开放环境与封闭环境之间的相互影响和相互联系。

可以看到，当前高校德育协同创新实施过程中存在的失衡主要体现为内部要素的失衡和内外系统的失衡。内部要素的失衡如德育目标之间缺乏层次、德育内容的碎片化、德育方法的割裂化等，内外系统的失衡主要表现为德育实施过程与外部场域的联动不够等。育人场域涉及校内与校外、课内与课外、线上与线下等多个领域，然而，这些场域育人功能的发挥因资源、结构、方式等差异，必然面临如何实现不同场域互补互动、相互协同的问题。如何从整体上看待和理解高校德育协同创新，既是时代呼唤，又是应对与解决高校德育“孤岛现象”的现实所需。高校德育协同创新是调动一切积极因素、凝聚一切

① 付晓容：《高校德育的生态性危机及其超越》，《重庆大学学报（社会科学版）》2018 年第 3 期。

德育资源的教育教学实践活动。因此，对高校德育协同创新的研究，不可通过对某一要素或某一环节的研究结论来对整个德育系统作出判断，而应从参与要素、整体联系、动态过程的理路进行探究，不断深化拓展高校德育协同创新的内涵与外延，打破德育系统内部各要素之间的壁垒，融通学校与家庭、社会的边界。

第三节　高校德育协同创新实践的动力不足

从协同学理论分析高校德育协同创新实践的动力不足问题，需要回归到高校德育协同创新的运行上来。高校德育协同创新需要直面现实实践，这既是高校德育协同创新生命力的体现，也是高校德育协同创新的价值彰显。高校德育协同创新需要注重理论与实践的互动，理论与实践之间是一种互动关系，但在高校德育协同创新进程中，这种互动也呈现不足。关于高校德育协同创新运行的动力问题，当前主要是依靠相关政策文件的推动，这种自上而下的外在推动力有其必要性。但从根本上来看，高校德育协同创新运行应具备持续的内生动力。如果没有一定的环境氛围和机制优化，高校德育协同创新动力不足的情况还将会长期存在。在高校德育协同创新实践中，高校德育协同创新的文化氛围不浓，以及高校德育协同创新的机制不完善，导致了高校德育协同创新的动力不足。因此，既要着眼于外部环境与高校德育协同创新系统运动变化的关系，也要重点分析高校德育协同创新系统自身运行的机制障碍。

一、高校德育协同创新的文化氛围不浓

高校德育协同创新实践离不开协同创新理念的引领，同时也离不开协同创新文化氛围的营造。“文化的形成过程是‘人化’，而其功能是‘化人’，即文

化具有育人的教育功能。”①实际上,优良的协同创新文化环境是推动高校德育协同创新、促进人的全面发展的重要资源。时代变迁的文化背景对高校德育体系优化提出了挑战,正如麦金泰尔所说,“如果一种文化的资源太贫弱以致不能把重新解释的任务承载下去,那么,为其辩护就是不可能的了”②。国内外研究表明,德育环境对德育实效具有重要影响,良好的德育环境氛围对德育实践具有重要推动作用,而不良的德育环境则会削弱德育实效。以家庭教育环境为例,中国人历来重视和谐、和睦的家庭观念,大学生虽然更多的时候远离家庭,但家庭的关系氛围无时无刻不影响着学生。当今一些实用主义和功利主义观念盛行,一些家庭忽视了对学生健全人格、优良品德和良好习惯的培养。在高校德育协同实践中,存在家长过度依赖学校教育的现象。在社会深刻转型的今天,家庭风气也出现了诸多道德问题,家庭出现的道德丧失、家庭暴力等不良行为时有发生,对大学生的成长环境带来了不利影响。同时,也存在家庭与学校之间互动的缺乏。家校之间沟通的氛围不强导致教师不了解学生的成长经历和思想特征,家长也不了解学生在学校教育和生活中的适应能力、成长情况。高校德育要超越这种生态性危机,需要高校德育自身不断变化、调适,以适应环境变化,同时要为高校德育营造良好的环境。③

在高校德育系统中,教学、管理、服务等各项工作形成了不同的子系统,每一个子系统又构成了一个复杂的体系。在高校德育工作中,经常出现碎片化的倾向,缺乏系统化、结构性的认识和反思。高校的教学、管理、服务等工作所蕴含的育人功能是德育整体质量提升不可或缺的要素。营造优良的德育协同创新文化环境的目标就在于积极构建、净化德育协同创新文化环境,以实现显性教育与隐性教育的互融互补为目标,以德育元素的有效融入和渗入为手段,

---

① 陈文海:《论高校德育体系建构的三重转化》,《学校党建与思想教育》2017年第1期。

② [美]麦金泰尔:《德性之后》,龚群译,中国社会科学出版社1995年版,第172页。

③ 参见付晓容:《高校德育的生态性危机及其超越》,《重庆大学学报(社会科学版)》2018年第3期。

寓德育于高校文化建设与社会实践活动之中，从而实现“润物无声”“浸润于心”的目标。

当前，高校在德育协同创新文化培育的应然之维与实然之境存在“认知空场”现象。德育的渗透需要关切人的情感、观念的契合和文化的熏陶。高校德育协同创新实践中的人文关怀和情感体验，体现的是对作为主体的人的尊重，更体现的是对德育终极价值的追求。在传统德育实践中，高校对协同创新精神的培育更多地体现为对集体主义、整体价值的重视。在这种文化环境下，受教育者视公共利益、利他价值至上，而缺少对个体价值、个体主体性的关注。传统德育注重强调集体主义和公共利益的重要性时，实际上缺乏了对个体发展、个体主体性的深入思考。高校德育往往侧重于以知识讲授为依托，以文化的熏陶为辅助。然而，在当今文化多元化态势下，各种文化观念、社会思潮、道德秩序等对大学生的价值取向、行为习惯造成了前所未有的冲击。大学生作为价值塑造的关键时期，在这种文化多元化的冲突中极易迷失自我，造成自我意识、协同创新意识的弱化。个体的生活总会与公共生活发生联系，必然会不同程度地与公共利益有关，然而部分人往往容易在这种“共同体”还是“利己”的价值判断中摇摆不定。协同创新精神强调集体参与、共同利益、公共责任等为价值取向的文化实践，是服务于共同价值目标的实现，实际上是对共同利益、共同发展的关怀与认同。

不言而喻，培育高校德育协同创新文化、涵养个体的协同创新精神，是实现集体协同、共同发展的重要文化维度。在德育主体利益多元化的背景下，“德育文化需要覆盖更多的具有不同精神需求和利益需求的人群”①。显然，基于文化环境涵养德育主体的协同创新精神，有助于促进高校德育协同创新实践。协同创新精神作为一种价值取向与行为方式，内蕴着文化的基本属性，其存在的价值归依是共同价值的实现。从高校德育目标的培养要求来看，并

① 郭凤志：《德育文化论》，中国社会科学出版社 2008 年版，第 39 页。

不是培养具有一般能力素质的人，而是培养具有良好道德素质、全面发展的理想人格的人，这种培养目标与协同创新精神的追求相契合。一方面，高校的文化使命包括引导学生具有担当、团结、协作意识，这种教育文化本身就蕴含了协同创新精神；另一方面，协同创新精神关注个体与集体、个体与社会的关系，实际上体现在高校德育过程与校园文化之中。作为一种文化上的表征，协同创新精神折射了文化所反映的秩序规范。因此，协同创新精神的培育需要文化的引领、规约。

在缺乏优良的德育协同创新环境下，高校德育协同创新实践本身可能会面临种种障碍。一些教师认为德育工作是学生工作者及思想政治理论课教师的工作职责，未能充分认识全员协同育人的重要性，在一定程度上存在高校专业教师、思想政治理论课教师、辅导员等学生工作者之间脱节的现象。此外，广大大学生从思想观念上对协同创新意识还需要提升。整体而言，高校尚未形成德育协同创新的教育理念及文化氛围。只有打破教学部门、学生工作部门等系统独立运行的状态，让专任老师也要了解学生的思想情况、生活状态，同时让学生工作部门的老师也要了解学生的学习状态，才能形成合力促进学生全面发展。高校德育协同创新应贴近生活、贴近实际、贴近学生，并不断营造优良的德育协同创新环境氛围。可见，对德育主体协同创新精神的培育是高校文化育人的重要体现。因此，需要通过制度的完善来创设优良的高校德育协同创新环境氛围，将德育纳入学校人才培养目标的全过程，明确育人职责、任务和考核办法，积极营造德育协同创新的良好氛围，将协同创新精神融入学校的教育过程，并形成稳定、可持续的制度化行为方式，从而共同促进大学生的全面发展。

二、高校德育协同创新的机制不完善

“机制”一词来源于希腊文，从本意而言，指的是机器的构造和运行原理。

通常来讲，机制就是关于系统的要素构成以及各要素之间相互约束、相互作用的原理。显然，机制构建对系统运行尤为重要。机制要发挥其应有作用，必然要构建一个系统化的整体。高校德育协同创新是包括结构与功能变化在内的系统优化，促成其系统优化的因素复杂多样，并非是单个动因作用的结果，而是各种动因相互作用形成合力系统共同推动高校德育协同创新实践。通常而言，长效机制有其相应的落实措施以及有效实施的环境条件等。当前，高校存在的德育工作交叉、边界不清、互相推诿的现象，归根结底在于高校德育协同创新相关机制不完善、保障措施未落实，这些都影响和制约了高校德育协同创新工作的开展。高校德育协同创新长效机制的构建，一方面与制度本身是否完善、健全有关；另一方面，还存在与其他教育制度的相互协同问题。因此，高校德育协同创新要突破现有的机制不活、合力不够等问题，把握德育工作实际需求，及时校准育人偏差，不断优化高校德育协同创新机制，驱动德育各要素各尽其用，自发地实现资源统筹与功能发挥，做到“精准施力”，为实现育人目标汇聚各方力量。

从协同学理论来看，当前高校德育协同创新实施过程中仍存在着主体未形成系统合力、过程未实现有效衔接、资源未实现有机整合等问题。首先，高校德育主体协同创新机制的不完善。由于高校德育主体的认识偏差，导致育人力量难以实现合力，全员协同育人的格局并未形成。同时值得关注的是，大学生作为自我教育主体，并未能有效调动起自我教育的主动性，与其他育人主体之间的沟通与协作较为欠缺。换言之，未能有效构建管理主体、实施主体、接受主体等多元德育主体协同创新模型。其次，高校德育过程协同创新机制的不完善。在高校德育协同创新运行过程中，仍然存在各环节缺乏系统性和整体性设计。比如，在大学的整个阶段，存在重视低年级理想信念教育和价值观教育而忽视高年级理想信念教育和价值观教育的现象，导致大学阶段德育的断层，未能全过程有效衔接。再次，高校德育资源协同创新机制的不完善。在高校系统内部，高校目前的管理体制是以具体职能的不同来设置组织机构，各组织机构都有各自的任务和目标,在现实中往往容易出现信息沟通不畅、资源未能共享等单打独斗的局面。在高校系统外部,德育资源联动不充分使得德育空间和活动场所受限,未能广泛搭建德育资源共享平台。从根本上来看,这些现实问题的引发则是高校德育协同创新机制不完善的表现。

若不消除制约高校德育协同创新机制运行的障碍,高校德育协同创新实践则会容易陷入新一轮的协同困境之中。高校德育协同创新系统正是在要素变化中打破原有的平衡关系,引发新的不平衡状态,由新的不平衡又走向新的平衡的动态变化过程。例如,在协同创新理念下,高校德育系统在确立协同创新目标后,若德育内容未能及时做出相应调整,则容易导致德育内容与德育目标之间的不协调。同时也要看到,高校德育系统的德育目标、内容、方法等要素之间的关系会影响整个德育系统结构,而且德育目标、内容、方法等本身作为德育系统的子系统,其自身的变化状况、组织结构也会直接影响高校德育系统整体功能的发挥。为此,高校德育协同创新系统各要素之间的协同关系需要适时作出相应调整和更新,以德育组织结构的优化来应对各种不协调状态,促使高校德育协同创新系统由无序走向有序,进而实现新的系统平衡。

由于当前高校德育形态的多维性与复杂性,高校德育协同创新的过程并非是一蹴而就的,各子系统在形式上聚力、实质上松散的现象仍然存在。其原因主要体现在以下方面:一是在对协同创新的认识以及责任意识方面,一些部门并未认识到自身在协同育人的联动环节中所处的重要地位,而只是认为德育工作与自身部门关系疏远,仅仅是被动消极的"配合",未能形成系统思维与系统意识。在这种背景下,容易导致子系统呈现不同程度的隔离与分裂。二是在管理体制方面,科层管理体制固有的调配方式容易造成信息、资源对接形式的机械化、模式化,进而导致信息、资源即使在相对充足的条件下仍无法转化为高质量的动力输出,从而在一定程度上抵消了要素之间应有的合力。三是在机制设计方面,与之相适应的激励机制、运行机制未能及时跟进,以及缺乏足够的评价反馈机制等主要环节的把控。

第五章　高校德育协同创新的路径选择

实践性是马克思主义哲学的基本观点,也是高校德育协同创新的显著特征。高校德育协同创新研究注重实践取向,并具有鲜明的时代特征。推进高校德育协同创新实践发展,必然要使之成为一项系统工程。高校德育协同创新实践是以人为对象的特殊性实践活动,人的全面发展的复杂性需要有科学的理论指引和丰富的实践活动。以协同创新的育人观念优化高校德育系统,致力于建构体系完善、协同发展、机制创新、运转有序的高校德育协同创新体系,力求使高校德育在现代化、系统化的发展进程中取得新的理论进展和实践突破。可见,高校德育协同创新研究不仅要关注基础理论层面,而且要密切关注德育协同创新实践的动态变化,以及在动态变化过程中要素的存在样态、结构功能的变化等。

为应对前文所述的高校德育协同创新实践面临的多重难题,高校德育协同创新实践需要秉持开放、系统、协同的观念,不断实现其在整体功能上的跃迁。坚持以问题为导向的研究,则不局限于某个具体的学科,而是聚焦于具体问题的解决,凸显德育研究的跨学科视域。① 科学的理论资源不仅为人们提

---

① 参见戚万学、唐爱民、韩笑:《改革开放 40 年德育理论研究的主题及进展》,《教育研究》2018 年第 10 期。

供认识世界和改造世界的根本方法,而且为事物发展提供了强大动力,从而在实践应用中达到“他山之石,可以攻玉”的效果。推进高校德育协同创新实践,需要多元德育主体树立协同创新观念,建立协同创新队伍,搭建协同创新平台,构建协同创新机制,实现教育者与教育对象之间的良性互动。具体而言,需要从理念建构、系统优化、制度保障等维度着手,通过树立个体价值与共同体价值相统一的价值理念,完善一体多维的高校德育协同创新体系,建立健全高校德育协同创新运行机制等助推高校德育协同创新实践。如果说理念建构指引了高校德育协同创新实践的方向,促使其不会走向工具理性;系统优化则建立了高校德育协同创新的结构框架,促使其避免和化解不同要素之间、子系统之间可能存在的矛盾和冲突;制度保障则编织了一层保护网,促使高校德育协同创新具有可持续发展的广阔空间。

第一节　理念建构:个体价值与共同体价值的统一

高校德育协同创新的理念之维,体现了系统哲学理念对高校德育协同创新实践的内在规定性。从系统哲学理念而言,高校德育协同创新实际上蕴含着个体与共同体之间关系的哲学理念。观念是行动的先导,先进科学的观念才能引领创新的实践。只有首先具备了协同创新的意识,才能在德育实践中推动协同创新。高校德育协同创新不仅仅是要素整合模式的转变,更重要的是深化认识在德育协同创新实践中应该追求怎样的价值理念。理解个体与共同体之间的关系,有助于激发个体的创造性、塑造个体的健康人格,进而实现个体价值与共同体价值的统一。多元德育主体协同创新意识的树立是推动高校德育协同创新实践的重要理路,既为高校德育工作提供了新思路,同时也为高校德育理论创新提供了新路径。理念和意识是驱动行动的内在力量,如果缺乏内在的驱动力，就不会产生实际的行动。因此，高校德育协同创新应该秉持“以学生成长为中心”的德育价值取向，树立协同创新的理念，将个体发展需求与社会发展需求有机统一。

一、个体的协同创新意识建构

在现代德育内涵中，愈来愈重视德育的个体自觉，引导个体正确认识和积极回应现实生活、学习中遇到的问题与挑战，不断促进个体对知识和观念的自主建构；愈来愈重视激发个体的协同意识，并融入于德育活动之中，在集体协同中生成友善、协作、互助的良好氛围。高校德育协同创新尊重个体的多样性特征，注重个体协同关系。“教”和“育”在实践活动中体现为两个层面的特征，在“教”的层面，着重体现的是知识的传授和引导；在“育”的层面，着重体现的是价值的塑造和引领。只有将“教”和“育”真正统一起来，才能有效增强育人实效。倡导平等互动的育人模式，有助于充分发挥高校德育参与主体的能动性、主动性，激发多元主体的协同意识和创新精神。无论是教育者还是受教育者，协同创新都指向具体的“人”，因而需要将协同创新融入人的价值塑造的各个环节。“交往的教育意蕴、教育价值主要体现在，通过交往帮助学生认识自我、增长知识、培育情感、提升品德。”①为此，高校德育协同创新需要将大学生放在“现实的人”的社会关系中去理解，关注大学生需求新变化，注重人文关怀，重视人的情感、认知和信念，引导大学生在社会化的交互过程中注重对他人的关心，正如罗伯特·阿克塞尔罗德所言：“在社会中，一个促进合作的极好的方法是教育人们关心他人的利益。”②多元主体之间的“互动”“交往”“对话”“沟通”是主体协同创新取得实效性的基本原则和方式方法。

---

① 刘献君：《交往的教育意蕴》，《高等教育研究》2021 年第 4 期。

② ［美］罗伯特·阿克塞尔罗德：《合作的进化》，吴坚忠译，上海人民出版社 2017 年版，第 94 页。

协同学理论认为，个体之间既有协作性又有竞争性，在相互影响、相互联系中发生相干效应。明确不同个体之间的内在关系，是高校德育协同创新过程中需要重视的关键问题。在高校德育协同创新过程中，每一个个体都有其独特性，既相互独立，又相互依存。高校德育重要目标是引导大学生在自我完善、自我发展、自我超越的过程中积极前行，为人的全面发展提供开阔的视野和无限的可能。高校德育协同创新强调个体之间的协作，并不否定个体之间的竞争行为。在资源有限的背景下，必然会出现个体之间的竞争现象。通过合理的竞争，往往能激发不同个体的创造性和内在潜能。高校德育协同创新过程往往是竞争与协同共存，正确认识个体之间既有协作性又有竞争性，增强不同个体的协同创新意识，不仅关系高校德育组织的协同结构优化，而且直接关系高校德育协同创新实践的实效性。高校德育协同创新实践的有序运行需要多元主体之间通过现实生活建立起新的交往关系，通过价值共识增强参与主体的协同创新意识。

第一，教育者在德育工作中需要增强协同创新意识。加强教育者之间的协同创新意识，是落实“全员育人”的应有之义。从我国高校教师身份认同的演进中可以看到，尽管处于不同岗位、不同学科，教育活动本身就内在蕴含了知识教导、技能传授、价值塑造、文化传播等职责。高校既要着力打造一支以党务、宣传、群团干部以及学校思政课教师、辅导员、班主任等专业化工作队伍，又要重视英雄模范、公众人物、文明实践志愿者等高素质兼职工作队伍，不断增强全社会协同育人的意识。

由于教育本身的价值属性使然，实际上，所有教师都负有直接德育，尤其是间接德育的责任。① 以课程思政为例，其核心理念是要求专业课程挖掘体现立德树人精神的教育内容，提升专业课程的隐性育人效果，解决思政教育与专业教学“两张皮”的现象。面向学生的学习和成长需求，应探索建立相互贯

① 参见檀传宝：《再论“教师德育专业化”》，《教育研究》2012 年第 10 期。

通的教学组织，构建思政课教师和专业课教师的关系网络，打破传统意义上的专业壁垒，建设特色鲜明、针对性实效性强的课程体系，促进思政课程与课程思政同频共振、同向同行，共同构筑整体化的育人体系。同时，不断强化思政课教师队伍与专业课教师队伍、辅导员队伍、管理队伍、服务队伍等育人队伍的协同联动，在校园中营造聚焦立德树人的协同创新氛围。又如，高校一些专业课老师在讲授专业课程的同时可兼任班主任的角色；辅导员可根据自身的专业和工作经验担任心理健康、职业规划等指导老师，促进实践能力、创新能力等核心素养的生成①；管理人员可兼任社会实践指导教师、学生就业指导教师等。正如我国著名教育家竺可桢所说："教者传授知识也，育者培养思想品德也，教中有育，育中有教。"教师在传授知识过程中，不论是自然科学还是社会科学等不同学科范畴，实际上都蕴含着育人因素。一个优秀的教育者，既要以专于"授业""解惑"为责任，更要以"传道"为使命，引导学生掌握扎实的知识技能、培育良好的道德素养，否则立德树人根本任务就会因为缺乏教师德育专业能力的保障而流于表面。② 因此，需要激发所有职能部门和全体教师的德育责任和使命，树立每一位教师都是德育工作者的理念，发挥教师育人的主体作用，牢记为党育人、为国育才的初心使命，增强育人的思想自觉和行动自觉，将全员育人的意识落到实处，形成全员育人的协同创新格局。

第二，教育对象即大学生需要在公共生活中提升协同创新意识、交往能力。《礼记·学记》中讲到"独学而无友，孤陋而寡闻"，也体现了学习中交往互动的重要性。高校德育协同教育的资源和载体较为丰富，而且操作性强。如，学校通过宣传学生典型案例、学生模范等方式，用先进事迹来感染和带动广大学生，引导大学生积极向上、追求进步。又如，学生社团以其组织的自发性、活动的自主性和符合青年大学生重特长展现、求个性发展的价值取向，越

① 参见沙军：《论高校辅导员核心素养的生成逻辑》，《中国高等教育》2022年第11期。

② 参见班建武：《德育一体化的社会向度及其实践要求》，《国家教育行政学院学报》2022年第3期。

来越受到青年大学生的欢迎。构建学生之间协作的学习模式，利用书院、学园、实践基地等各种日常学习生活场域，促进不同专业、不同年级之间学生的交流互动，为学生的全面发展搭建多样化的学习交往平台。以社团活动为载体，可以创新学生自我教育方式，为学生搭建展现才能和综合素养的平台，进而培养学生集体主义观念和团队协作精神。

大学生朋辈教育是学校教育的延伸，因而不可忽视大学生身边优秀榜样的示范、带动作用。大学生朋辈教育依靠的就是自我提高的同时带动、影响周边的同学、朋友一起提高。受教育者之间往往具有大体相同的教育程度，年龄大致相仿，形成了朋辈群体。大学生朋辈群体是在学习与生活中基于不同的兴趣、需求而自发形成的普遍存在的群体。这种朋辈教育的力量，有助于实现大学生群体的共同发展，在交互实践中用道德实践来强化道德认知。这种无形的、隐形的、潜移默化的教育方式凸显了朋辈教育的重要特征。大学生朋辈群体满足了青年大学生的心理归属和情感需求，是大学生社会化的重要途径。大学生朋辈群体形成的朋辈环境对大学生个体和集体都具有重要影响，从交往、协作的角度而言，同龄人之间在社会背景、教育程度、兴趣喜好等方面具有较大相似性，他们的价值观念、生活方式、行为规范往往容易相互影响。受教育者与朋辈、与教育主体之间交往意识、协作意识的增强有助于更好地认识个人身心之间、个人与他人之间、个人与社会之间的关系，发挥学生立德成才的主体作用，坚定“四个自信”，立大志、明大德、成大才、担大任，从而更好地认识人生的价值。

与社会关系相适应的是，个体协同创新意识的增强并非是“机械团结意识”，而是交互与协作意识的增强。正如物体在磁场中才能受力一样，个体之间只有成为在场者才能发生各种交互关系。在个体之间的交互协同过程中，个人的利益无法与他人的利益完全相同，甚至会与他人的利益产生冲突和矛盾，但这并不影响协同创新中共同利益的形成，因为共同利益恰恰存在于多方的交互与协作过程之中。如个体之间的学习交流平台，潜移默化中提升了个体之间的深度互动，由此激发了个体更积极、更主动地开展协同创新活动。个体之间交互协同意识的增强不是湮没了主体性的无差别的同质化存在，相反，每个个体都是拥有着相对独立性和主体性的个性化存在。

二、共同体价值的追求

人总是期望在公共生活中实现自我的突破和超越。自我突破和超越实质上彰显的是怎样使自己在生活中更有价值、更有意义的问题。从根本上而言，德育价值理念必然是为了促进人的自我实现，使人的生活更有价值、更有意义。建构主义教育理论认为，人的成长、发展是自我建构的过程，教育过程是不断突破现实自我进而实现理想自我。其中，对共同体价值的追求是人不断发展的重要特征，与每个个体的生存与发展相联系，是促进德育个体不断实现自我并融入不同形态的共同体生活的重要品质。“在社会日趋多元的环境下，如何重构道德价值，并形成道德共识是德育研究面临的一个难题。”①对此，不同个体生活在公共空间和环境中，形成必要的共同体价值极其重要。每个个体的成长经历、家庭背景、观念认识、需求期待等方面都存在着差异性，从其发展方向来看，具有多重可能性和不确定性。实际上，现实生活世界充斥着各种无序和不确定性的现象。信息化载体极大地拓展了个体在公共生活中的互动方式，QQ、微信、微博等以网络技术为支撑的信息化载体丰富了个人的社会交往空间。高校德育协同创新正是因为主体的多元化和存在形式的多样性，更加强调在理念上的共同性，强调以主导性思想保障德育协同创新的整体性、有序性发展。“在现代社会中，人的主体性存在构成了其社会性存在的前提，但个体的主体性价值同时还应以共同体的方式展现自身的公共性逻辑。”②共同体对个体的规范性与个体的自由发展并不矛盾，个体需要涵养共

① 杜时忠、孙银光、程红艳：《德育研究 70 年：回顾与前瞻》，《教育研究》2019 年第 10 期。

② 年勇：《高校德育创新的公共理性考量》，《国家教育行政学院学报》2014 年第 10 期。

同体精神、参与共同体生活。高校德育协同创新在理念引导层面需要重视共同体价值的宣扬，倡导共同体精神，促使不同个体增强共同体意识，而非只关注个体自我成长的狭小空间，不断促进个体全面发展与国家发展的和谐统一。

当前，我国经济社会处于转型时期，价值观念的多元化现象不可避免。吉登斯在分析现代性时，引入"脱域机制"的概念，指出社会关系从区域化关联中抽离出来，并不断重新组合构成新的跨越时空的社会关联。① 不言而喻，网络技术、社会变迁造就了新的社会交往。社会变迁的转型加剧和社会多元价值的共存，为个体价值观的塑造带来了现实难题和不确定性的障碍，对此，需要德育理论工作者自觉担负起社会转型时期、价值多元化对高校德育所带来的挑战。高校德育在强调其社会价值的同时，也应注重其个体价值的实现。我们所处的时代是一个变革的时代，"人"的发展问题一直伴随着德育改革进程。全球化虽然源自经济领域，但其造成的影响却是多方面的。伴随全球化进程，中国经济飞速发展的同时，西方各种思潮、价值观念也乘虚而入，其代表资产阶级利益和要求的观点，如自由主义、个人主义、利己主义等，与中国的核心价值观相冲突，对中国高校德育实践造成了冲击。其具体表现形式多样，如对价值认知的影响，造成一部分人的价值取向发生偏移；又如造成个人主义思想盛行，追求个人利益，对公共事业较少关注。由于个人利益的支配，人们的道德失范行为侵蚀到社会生活各领域，带来不良的社会风气。伴随着改革开放和社会主义市场经济的深入发展，社会主义现代化建设需要发挥人的主体性、能动性和创造性，在增长物质财富的同时也需要促进人的全面发展。社会主义现代化进程加速了经济社会发展步伐，实现了经济的高质量发展，突破了原有的社会交往模式，公共生活空间的拓展，必然需要共同价值的引领。因而，需要培育共同体精神，共同体精神是对社会交往的认知与自觉，是对个体价值的超越。同时，需要维护共同体价值，共同体价值是共同体精神的彰显。

---

① ［英］安东尼·吉登斯：《现代性的后果》，田禾译，译林出版社 2000 年版，第 24 页。

如何走出个人活动空间进入更加广阔的共同体活动空间，维护良好的公共秩序、社会文明，是提升德育主体共同体意识的重要议题。

值得反思的是，利己主义与利他主义的张力在现实生活中共存，两者之间也并非是不可调和。德育主体之间需要体现为平等的交往关系和公共关系，在交往中突破以自我为中心的利己化观念。基于以自我为中心的行为方式容易导致诸多消极影响，如，局限于“小我”的认知，团队意识淡漠，缺乏家国情怀；在人际交往中，沟通协作意识欠缺，导致习惯于从“自我”的角度出发，忽视站在对方角度或换一个方位去思考和解决问题，难以与他人合作共事。正如罗伯特·阿克塞尔罗德指出，当“个体追求自身利益，彼此之间的合作便不是完全基于对他人的关心或对群体利益的考虑”①。若缺乏共同体价值的追求，则容易导致集体形态成为一盘散沙。从这个意义上而言，追求共同体价值促进了德育主体之间的交往协作、责任共担，最终促进集体协同的生成。

高校德育应避免陷入个体化的误区，变成“为自己而活”的人。在中西方价值观碰撞中，有些人不再以追求公共价值为荣。当前，应坚持用社会主义核心价值观引领社会风气。社会主义核心价值观是适合中国国情的科学价值观，各行各业都需要大力培育和践行社会主义核心价值观，用社会主义核心价值净化不良风气。德育哲学中存在的功利主义特征是以功利主义为价值取向，讲究实用、注重结果。在科学技术日新月异的时代，技术更新推动着社会、经济等领域的蓬勃发展，为人们生活提供了丰富的物质资源，与此同时，功利主义也迅速在社会各领域滋长。高校德育作为教育的重要组成部分，不可不提防功利主义带来的影响。在德育领域，功利主义有如下体现，一是功利主义不重视共同体精神，功利主义教育强调科学技术对社会发展和个人发展的价值，漠视共同体精神的培养，导致科学技术的工具性价值被放大；二是强调德育目的的工具性，功利主义把教育看作是人们实现个人欲望和目的的工具和

① ［美］罗伯特·阿克塞尔罗德：《合作的进化》，吴坚忠译，上海人民出版社2017年版，第5页。

手段,忽视了人的共同理想与价值追求;三是强调德育内容的有用性,使得学校的课程安排、知识结构过于实用化而忽视了学生的德性培养和共同体价值培育,容易导致德育走向异化和个体化。

共同体价值作为德育成员的强力黏合剂,赋予了高校德育协同创新以价值引领。聚焦立德树人根本任务,着眼于学生的全面发展,有助于把不同利益诉求的人凝聚在一起,共同服务于德育目标。在现实生活中,每个个体都是共建共同体价值的重要力量,在复杂的各种社会关系中,实现个体价值与共同体价值的统一,才能彰显人的价值与本质。马克思主义哲学认为,一般性通过事物的特殊性而得以具体存在,而事物的特殊性则因其内含的一般性而获得存在的现实规定性。共同体意识在总体上属于一种集合性意识,与个人自发生成的主体意识有所不同,需要通过社会实践过程为个人所吸收。高校是为社会提供人才的重要渠道,而社会同样也为高校培养时代新人提供了重要场域。

高校德育协同创新正是在将立德树人融入高校教育教学全过程、学生成长成才全阶段的共同价值实践中促进了多元主体间更为紧密的情感联系与行动协同。立德树人根本任务并非是强加在具体教育教学活动之上,而是内蕴于一切教育教学活动中。立德树人共同目标激励着新时代教育工作者在“国之大者”的视野中明确自身使命,一切围绕学生的全面发展推进德育工作的改革创新。当立德树人共同目标内蕴于具体的教育教学实践活动中时,各育人要素就能自发地形成育人共同体,从而有效地推进协同育人工作。在高校德育协同创新实践中,需要追求共同体价值,进一步发挥立德树人共同价值目标在激发多元主体德育协同实践中的重要作用,强化社会主义意识形态的价值引领力,增进多元主体协同育人的行动共识,进而在立德树人的思想指引和集体实践中不断深化高校德育协同创新的共同价值追求。

进一步来讲,高校德育协同创新应关照每个个体的发展需求,并不断拓展进而达到“类”的共同发展。人的全面发展学说是德育目标的重要方向指引。马克思主义注重从类主体的角度来对人进行研究,强调把人置于各种社会关系中进行考察，并置于社会中的各种实践活动。马克思对人的本质的深刻阐述，具有根本的方法论意义，实现了共同体思想的革命性变革。马克思主义共同体思想对高校德育协同创新的启示在于，高校德育协同创新应注重在公共生活中考察人的各种社会关系。正如马克思指出，这种“类”本质，“理解为一种内在的、无声的、把许多个人自然地联系起来的普遍性”①。个人的价值塑造过程实际上是社会化的过程，大学生所具备的德育知识需要通过社会化过程才能真正内化于心、外化于行。高校德育价值的体现除了满足德育的社会发展需求之外，还应注重共同体成员的自我情感表达和尊重共同体成员的利益诉求。高校德育协同创新在促进人的全面发展过程中，不是孤立地去促进每个个体的发展，而是使人在共同体生活中获得全面发展，进而促进人与人、人与自然、人与社会的和谐发展。

可以说，没有个体协同意识的确立和共同体价值的追求，就没有高校德育协同创新的实践。现代社会背景下，“社会分工日趋明显，人与人之间、组织机构之间的协作发展与交流互动愈发重要”②，高校德育协同创新应重视个体协同创新意识和共同体价值的培育，注重协同创新文化的营造和引领，涵养协同创新的文化氛围，推动个体价值与共同体价值的有机统一。伴随社会转型和价值观念的多元化，出现了一系列社会信任危机加剧、社会价值观缺失等现象，如何让个体的利益诉求与共同体的利益追求相协同，必然需要加强共同价值观的引领，以增强共同体的凝聚力。共同价值目标的确立是高校德育协同创新实践的前提要义，而对共同体价值目标的认同则构成了维系高校德育协同创新凝聚力的精神纽带。共同体价值的培育，需要进一步优化公共交往空间，在公共交往过程中增强人文体验和情感认同，加强社会主义核心价值观的引领。无论是基于个体发展的需求还是基于社会发展的需求，都应当具有共同体的视野和格局。可见，协同创新的价值理念对高校德育协同创新实践的

① 《马克思恩格斯文集》第1卷，人民出版社2009年版，第501页。

② 赵新峰：《协同育人论》，人民出版社2013年版，第124页。

引领和驱动,不仅可以激励个体的价值实现,而且也是共同体价值实现的重要路径。

第二节　系统优化:完善一体多维的高校德育协同创新体系

从协同学理论的观点来看,高校德育协同创新的各要素、各子系统之间在性质上有其独立性、差异性,在相互关系上有其互补性、共生性。高校德育协同创新系统的结构可根据德育发展规律,有意识地、主动地优化其结构,这种主动性实际上就是能动性和创造性。“复杂性思维重视问题的多维度、背景化、整体化等,重视多因素的协同作用。”①高校德育协同创新蕴含着一体与多维的辩证关系,其结构之维建立了高校德育参与协同创新活动的边界,使协同创新成为高校德育系统优化的方向。高校德育协同创新是有层次性、动态发展的系统,各要素、子系统之间只有相互协调,才能形成协同的统一整体。因此,要保障各要素、子系统之间的高效协同和可持续发展,需要进一步推进高校德育的系统化构建。从高校德育协同创新的内外与宏微来看,可总结为两个方面,即促进高校德育系统构成要素的耦合和助推高校德育系统与外部场域的协同。前者是从德育主体、德育目标、德育内容、德育方法协同等体系构建进行分析,后者则从高校德育协同创新所处的宏观环境寻找思路。

一、促进高校德育系统构成要素的耦合

协同学理论认为,涌现即系统产生“整体大于部分之和”功能的前提是存

① 包水梅:《高等教育多学科研究的解读与反思》,《高等教育研究》2013 年第 5 期。

在要素的多样性和差异性。异质性明显的系统，通常能够产生整体涌现特征。制约高校德育协同创新的因素具有多样性，影响时段具有持续性，影响方式具有复杂性，系统要素的多样性和差异性是系统发挥协同效应的基础。然而，多样性和差异性并不会直接转变为涌现性，而是要通过要素的耦合和组织结构的协同，才能产生涌现性。涌现性的产生体现了系统协同效应的有效发挥，有哪些要素构成，采取怎样的方式整合，整合的程度如何，有着怎样的外界环境，这些因素共同决定着系统将产生怎样的整体涌现性。对高校德育系统而言，当学校内部协同不足的组织模式与协同创新组织体系的特征不匹配时，协同创新的功能就会停留在概念层面，而无法落实到协同创新育人实践中。要素之间的协同是不同主体间打破壁垒、分享资源、共同行动的过程，且各个要素之间存在着不同的高低层次①，它意味着要素之间耦合的程度。“在一个愈益复杂化的组织内部，无序性和有序性彼此促进增长”②。为此，着眼于高校德育功能的耦合与德育目标的实现，一方面，需要看到要素之间的差异性，并由于差异性所引发的竞争或冲突等；另一方面，需要追求协同共生，通过促进德育主体协同、德育目标协同、德育内容协同、德育方法协同等，进而促成系统整体效应的“涌现”。

（一）德育主体的协同创新

德育主体协同创新需要通过德育目标、内容等不断增强主体之间在思想上、观念上的深度互动。受教育者的价值塑造是个体内化与外化的双向过程。在内化的过程中，个体产生精神层面的需求，经过教育者的价值引导，获得心理认同，进而作出正确的价值判断，最终培养个体正确的世界观、人生观、价值

---

① David L, Rogers, David A, and Whetten, *Interorganizational Coordination: Theory, Research, and Implementation*, Ames, IA: Iowa State University Press, 1982.

② ［法］埃德加·莫兰：《复杂的思想：自觉的科学》，陈一壮译，北京大学出版社 2001 年版，第 63 页。

观。在外化的过程中，个体自主自发地将内化的思想理念、道德规范、价值判断转化为具体的行为。在人的社会生活中，存在着两种基本的活动方式，即生产活动和交往活动，比较而言，交往活动对人的德育意识和行为的影响最为明显。在高校德育协同创新实践中，教育者和受教育者都作为共同发展的主体，使相互之间在平等的交往、互动中，最终实现生命的共同成长。这种共同成长通过对话、交流、分享、理解，尊重差异、形成互识，彰显的是共享，而不是一致。正如蔡元培曾指出："教育是帮助被教育的人，给他们发展自己的能力，完成他的人格，于人类文化上能尽一分子的责任，不是把被教育的人造成一种特别器具，给抱有他种目的的人去应用。"①教育既是探究真理的活动，也是充满情感的活动。高校德育协同创新的过程强调教育者和受教育者之间的平等、包容、合作的关系，强调在教育者的引导下教育者与受教育者共同参与德育过程。

如何消解由于利益诉求差异而引起的冲突，如何推动教育者和受教育之间实现良性互动、平等对话，并在良性互动和平等对话中实现价值引领，是高校德育主体协同创新的应有之义。正如韩愈的《师说》中所言："师者，所以传道受业解惑也。"从本质意义上而言，教育者是为大学生提供服务的群体，一切是为大学生的成长成才服务。从高校思政课与专业课程的关系来看，尽管两者在教学功能及内容上各有侧重，但是在价值维度及共同承担的育人任务中具有目标一致性，决定了二者在立德树人过程中的相辅相成、同向同行。一是高校思政课建设需要通过教育教学改革、科研学术研讨、主题实践活动等一系列措施促进育人功能，提升思政课的说服力、针对性，加深思政课对现实问题的阐述力、指导力，增强思政课的感染力、渗透力，注重话语表达的时代性特征与生活化取向，激发大学生的学习自觉与行动自觉。二是增强"课程思政"教育理念，在专业课程中自然融入价值塑造，如大局意识、人格教育、爱国情

① 高平叔:《蔡元培教育论集》，湖南教育出版社 2001 年版，第 112 页。

怀、人文价值、科研态度、伦理意识、敬业精神等，使知识传授与价值塑造深度融合。三是加强高水平教师队伍建设，切实提升教师的教书育人能力和协同创新意识。通过完善高校教师队伍的培训机制、考核机制、评价机制等为其提供有力的支撑保障。教育者需要充分尊重青年大学生的主体地位，关切青年大学生群体的发展需求，善于站在青年大学生的角度去开展德育工作。同时，教育者需要充分尊重大学生个体之间的差异，通过制定适合大学生现实发展的德育计划和活动安排，切实发挥不同学生的才能和创造力，从而让青年大学生有更多的成长、收获。

交互协同是对德育主体存在方式的现实表达，一旦交互协同成为德育主体之间的生活常态，德育主体之间的协同创新便会逐步超越原子化的困境，推动德育主体之间的密切协作与对话。完整的德育过程既是教育者对受教育者“价值引导”的过程，同时也是受教育者对德育知识“自我建构”的过程。在这一互动过程中，需要回归现实生活世界。高校德育协同创新若脱离大学生现实生活，则必然会造成德育协同创新的概念化。对生活的疏离也将导致空洞的说教，缺乏了在现实生活中的德育体验。因此，教育者需要主动利用各种条件积极引导大学生成长成才，并注重大学生的生活体验；受教育者需要在教育者的引导下，在现实生活中实现自我成长和自主建构。“承认教育者与受教育者在教育活动过程中的共在和交互关系”①，这也是教育者与受教育者之间关系协同性的具体体现。德育主体都有其自身特性，由于成长的环境不同，互动的方式也不尽相同，其有效联动的关键在于协同创新意识的增强，并贯穿于个体的学习生活过程中。德育主体之间的交互协同可以实现德育主体之间的关系互补，充分发挥德育主体的能动性、创造性，促进德育组织内部的互相适应与协调，进而推动集体协同的生成。依托于交互协同，在交往中学习、协作，不断增强协同创新意识，是通往德育主体之间协同创新的桥梁。正是因为德

① 董雅华：《思想政治教育哲学问题研究》，复旦大学出版社 2019 年版，第 192 页。

育主体之间的差异性与协作性，便形成了密切关联、相互协作的德育主体协同创新形态，它是内在的、更为稳定、更具有凝聚力的结构形态。

（二）德育目标的协同创新

高校德育目标协同创新在整体构建中，无论是短期目标还是远景目标，都应体现导向性、系统性、动态性的原则。高校德育活动有其目标指向，尽管德育理论学习活动与社会实践活动形式不同，实际上有着共同的目标统领，体现出高校德育目标的整体性。随着高校德育协同创新的推进，德育目标体系也应不断优化，以满足大学生在不同学段的发展需求，将大学生的全面发展作为德育实践的根本出发点和价值旨归，把创造精神和创新能力作为德育实践的核心素养，从知识、能力的培养转向知识、能力和价值塑造的统一。

首先，导向性是构建高校德育目标协同的首要原则。“培养什么人、怎样培养人、为谁培养人”关系着中国特色社会主义伟大事业的推进。2018 年，习近平总书记在全国教育大会上强调，坚持中国特色社会主义教育发展道路，培养德智体美劳全面发展的社会主义建设者和接班人。在德与才的关系上，古人作了精辟的总结，“才者，德之资也；德者，才之帅也”。可见，中国从古至今的教育，更为强调“立德”的重要性。青年大学生充满青春朝气，大学生学习阶段正处在世界观、人生观、价值观养成的关键时期，心智还不够成熟，理论功底还不够扎实，对外界形势的认识还不够全面，对一些问题的处理和行为表现有时缺乏理性。尤其是当面临涉及立场的问题时，一些大学生难以明辨是非甚至是容易被似是而非的观点所引导。因此，需要把高校德育工作中的重要问题纳入“立德树人”的理念中，不断深化对“立德树人”的规律性认识。围绕“立德”，需要加强马克思主义理论教育，需要通过培育和践行社会主义核心价值观，引导学生奠定坚实的思想基础。围绕“树人”，我国高校是扎根中国大地办学的中国特色社会主义高校，这一性质决定了德育目标必须同我国社会发展目标和方向紧密相连，为社会主义现代化建设服务。立德树人作为教育的根本任务,“其地位与重要性是确定不变的,但立德树人的具体内涵和时代要求则是与时俱进的”①。立德树人蕴含着明确的价值方位,彰显了教育的初心和使命,契合了时代发展对青年德性培育和健全人格的要求。立德树人的内在价值就是要塑造有信仰、有德性、有价值追求的人。如果偏离了立德树人根本任务,高校德育协同创新实践就会背离立德树人的方向,就会违背高校德育的时代使命和要求。

其次,系统性原则要求高校德育目标协同应处理好各层次具体目标之间的有机衔接。层次性是高校德育目标系统的重要特征,尽管不同层次的目标不同,然而,“在精神内涵和价值取向上必须是同一的,需要做到不同学段有机衔接、不同学科相互配合”②。高校德育的基础目标是培养具有良好道德素质的合格公民,引导大学生形成正确的世界观、人生观、价值观,高层次目标则体现为培养中国特色社会主义事业的合格建设者和可靠接班人。大学生在复杂的社会环境下,在不同成长阶段所面临的思想上、观念上等问题已成为教育工作者关注的重点。青年大学生不仅需要掌握社会主义现代化建设所需要的科学文化知识和技能,更重要的是坚定崇高的理想信念和树立正确的价值观念。可见,德育的个人目标和社会目标彼此也是协调联动的关系。个人目标的实现为社会目标的实现奠定了基础,社会目标的实现反过来为个人目标的实现创造了良好的条件。因此,高校德育目标协同要在遵循总体方向的基础上,注重德育目标在不同层次、不同学段的衔接性和递进性,同时注重社会目标和个人目标的统一性。

再次,动态性原则要求高校德育目标协同在德育协同创新实践中及时调整优化。习近平总书记强调:“人的成长、成熟、成才不是一蹴而就的,而是一

① 白显良、崔建西:《新时代立德树人的价值定位、时代内涵与实践要旨》,《思想理论教育》2018 年第 11 期。

② 韩震:《推进德育一体化的时代背景、内涵要求与实践进路》,《思想政治课教学》2021 年第 3 期。

个渐进的过程，就跟人的生理发育一样，所以要把这几个阶段都铺陈好。"①人的成长的阶段性要求德育过程需要注重不同学段的衔接性，从人的发展的阶段性出发，将教育目标同教育对象需求统一起来，避免不同学段内容重复或倒置等现象，实现德育的循序渐进、螺旋式发展。认知心理学的代表人物皮亚杰认为，认识发展具有阶段性特征，处于不同发展阶段的学生认识和解释事物的方式是不同的。为此，要根据受教育者的认识方式和认识水平来设计教学目标。要使高校德育能够始终适应社会的发展、满足大学生的成长需求，其目标体系就必须不断更新、不断优化，并形成一套系统的、动态的目标协同体系。在推动高校德育目标体系的协同中，需要把握好变与不变的辩证法，通过始终关注大学生的现实成长需要，构建合乎认识发展规律与实践发展要求的德育目标体系。根据大学生素质与水平多层次性的具体特点进行因材施教，使高校德育目标的整体形态呈现合理的梯级分布结构，不断推进高校德育目标的科学化、规范化和系统化，以增强应对大学生成长需求变化的针对性，从而实现高校德育目标的协同与动态调整。

（三）德育内容的协同创新

高校德育内容体系如何突出不同内容要素的功能并体现协同性，必然需要注重协同创新，从而更好地引导大学生树立马克思主义世界观、人生观、价值观。高校德育内容既要体现马克思主义中国化的最新成果、中国特色社会主义实践的最新经验，还需要结合当前大学生的思想状况。高校在思想教育、政治教育、道德教育、法制教育、心理健康教育等方面的教育内容中，一方面要始终以马克思主义为指导，全面贯彻党的教育方针，突出思想引领，把握正确的政治方向和价值导向；另一方面要与时俱进，不断增强德育内容的时代感和吸引力。高校德育内容协同创新注重德育内容的动态性，这种动态性由社会

---

① 习近平：《思政课是落实立德树人根本任务的关键课程》，《求是》2020 年第 17 期。

发展阶段和个体发展阶段等因素决定。随着社会发展阶段的变化，高校德育内容也在不断拓展和深化。构建高校德育内容协同体系需要注重德育内容的先进性与广泛性、知识性与价值性以及民族性与世界性。

首先，高校德育内容协同需要坚持先进性与广泛性的结合。以“时代新人”的培育为中心，是当前强化高校德育时代使命的重要内容。高校思想政治理论课作为大学生的必修课，体现了社会主义大学的本质要求，是帮助、引导大学生树立正确的世界观、人生观、价值观的重要途径。高校德育内容的先进性需要处理好传承与发展的关系，并根据社会发展阶段来调整德育内容，对当前教育主题进行创新性发展，体现时代特色、发扬时代精神，确保与时俱进，积极融入社会主义先进文化的建设进程。高校德育内容的广泛性需要注重理论知识和社会现实之间的适应性调适，在课堂学习的基础上，积极鼓励大学生参加社会调查、志愿服务、创新创业、生产劳动、公益活动、科技发明和勤工助学等实践活动，倡导大学生理论学习与社会实践相结合、与创新创业相结合、与服务社会相结合。通过高校德育内容先进性与广泛性的结合，开阔大学生的思维方式与理论视野，领悟马克思主义理论以及习近平新时代中国特色社会主义思想，促使青年大学生深入了解社会发展大势。

其次，高校德育内容协同需要强化知识性与价值性的互融。习近平总书记强调，“青年的价值取向决定了未来整个社会的价值取向，而青年又处在价值观形成和确立的时期，抓好这一时期的价值观养成十分重要。就像穿衣服扣扣子一样，如果第一粒扣子扣错了，剩余的扣子都会扣错。人生的扣子要一开始就扣好”①。知识性与价值性是内涵于高校德育内容协同的两个重要元素，高校德育内容既包括知识性层面的内容也包括价值性层面的内容。任何一门专业课程既包括知识体系也包括价值判断，实际上也是德育的重要资源。把思想教育融入大学生专业学习的各个环节，在传授专业知识的过程中加强

① 《十八大以来重要文献选编》(中)，中央文献出版社2016年版，第6页。

价值引导，才能整体提升高校德育实效性，促进大学生健康成长和全面发展。没有德育知识和德育认知，就不会有具体的德育实践。西方敌对势力一直将和平演变的希望放在中国的青年一代身上，特别是大学生群体。因此，对大学生的价值塑造和价值判断极其重要，尤其在复杂的社会环境中，更需要德育知识的学习并形成正确的价值判断。如在课程育人方面，通过不断优化课程内容体系，构建涵盖中华优秀传统文化课程、哲学社会科学课程、创新创业教育课程等共同构成的课程体系，并通过发掘各学科各专业课程内容的德育元素，提升课程内容的亲和力、吸引力。若在德育内容上仅仅强调知识传授而忽视价值引导，这显然与“立德树人”的育人目标相背离。德育不仅仅是知识教育，同时是在知识教育基础上的价值塑造、德育实践。高校德育内容体系需要重视大学生成长的时代性需求，追求知识学习与价值塑造的统一，打破不同部门、不同课程的育人壁垒，避免知识教育与价值教育“两张皮”，寓价值引导于知识传授之中，将知识教育与价值引导统一起来、教育者需求与受教育者需求统一起来，将德育融入教育教学全过程，指向立德树人根本任务。

再次，高校德育内容协同需要注重民族性与世界性的关联。民族性即特定民族的独特表征，中华民族五千年的灿烂文化滋润了一代又一代中国人的心灵。中国传统文化历来重视德性培养，灿烂的民族文化孕育的优良德育传统是当代高校德育的宝贵财富。当代大学生价值观念的塑造离不开中华民族文化提供的丰富滋养，也离不开时代精神的引领。一方面，高校德育内容必须坚守民族性，传承和弘扬民族文化。正如亨廷顿指出，“有些国家领导人有时企图抛弃本国的文化遗产，使自己国家的认同从一种文明转向另一种文明，然而迄今为止，他们非但没有成功，反而使自己国家成为精神分裂的无所适从的国家”①。缺失民族性，德育内容就失去了存在的文化根基而容易走向历史虚无主义的深渊。高校德育内容需要挖掘中华民族优秀文化资源，加强社会主

① ［美］塞缪尔·亨廷顿：《文明的冲突与世界秩序的重建》，周琪等译，新华出版社 1998 年版，第 353 页。

义核心价值观教育,从而保障高校德育内容民族特性的持续坚守。另一方面,高校德育内容要处理好民族性与世界性的关系,“在社会主义道德体系中,这一结合就是爱国主义与国际主义的统一”①。全球化浪潮使得国家之间的政治、经济、科技和教育等多方面的联系越来越密切,中国与西方国家有着不同的历史文化传统,在中国特色的高校德育内容协同体系建构中,需要关注世情的变化,扎根中国大地,立足基本国情,认清世界发展形势。

可见,高校德育内容协同创新正是强调以系统谋划、协同优化进行德育内容体系的组织和规划,表征高校德育内容的价值同向,是以国家意志为核心的意识形态的价值体现。尽管高校各学段的具体德育内容有很大变化,但始终倡导社会主义、集体主义和爱国主义教育,为培养社会主义建设者和接班人提供了重要保证。高校德育内容的协同创新需要坚持主流意识形态的指导和引导,确保党和国家的主流意识形态的有效融入,坚持与社会主流意识形态相一致,以社会主导的价值观引领多元价值取向,避免偏斜或背离社会主义意识形态,从而实现德育的价值目标。此外,高校德育内容的协同创新需要在既有德育内容的基础上,构建由人的需求、情感、观念和信仰等构成的复杂系统,形成涵盖思想教育、政治教育、道德教育、法制教育、心理健康教育等系统化的德育内容体系,以人的需求为着眼点,以人的发展为主题,形成开放包容、兼收并蓄、互动融通的内容体系,促进德育内容体系更加科学化、系统化发展。因此,需要合理设计高校德育内容协同体系,而非简单、机械的融入,以求达到高校德育内容的相互融合以及确保德育内容的有效衔接与持续推进。

(四)德育方法的协同创新

高校德育方法协同应注重系统性、综合性,并根据时代特征和教育规律不断拓展和创新,“这一理念实际上是强调对各种德育方法理念的综合协同”②。

---

① 檀传宝:《德育原理》,北京师范大学出版社2017年版,第182页。
② 檀传宝:《德育原理》,北京师范大学出版社2017年版,第249页。

由此，在德育主体、德育目标、德育内容等协同体系科学构建的前提之下，协同化的德育方法便成为实现德育效果事半功倍的关键因素。现代社会背景下，科技发展日新月异，互联网、云计算、大数据等信息技术对人类思维、生活、学习方式产生了深刻变革。高校德育的实施方法也因此得到了新的拓展，隐性教育方法、网络教育方法已广泛运用于高校德育工作中。此外，“高校德育是一个需要学生理性和情感共同参与的教育过程”①，心理疏导方法、危机干预方法等也是高校德育工作中常用的方法。高校德育方法的协同创新要从宏观视角出发，坚持科学性、协同性、创新性原则。2000 多年前，孔子就提出了因材施教、有教无类的思想，其实质就是倡导个性化的、多样化的教育方式。高校德育方式方法也是如此，“需立足多元主体知识结构的差异性，解析‘材质’特征”②，要以大学生喜闻乐见的各种方法的综合运用，引导大学生树立坚定的马克思主义理想信念。如采取榜样教育法、实践磨练法等多种方法开展德育实践活动，潜移默化地提升学生的道德素养；在进行心理教育时，可以运用心理咨询、心理主题演讲等形式提高大学生的积极性和参与度。时代发展改变着人们的接受方式和思维方式，每个阶段都有新的德育方法呈现。一方面推动德育传统优势方法的现代转化；另一方面不断探索数字化、人工智能等新方法，充分发挥个性化推送、情景式再造、沉浸式体验等技术方法的功能优势。任何德育方法都不可能解决所有的德育问题，只有通过德育方法的协同创新才能更好地发挥德育方法的整体效用，才能加强对大学生价值观念的有效引导。

首先，注重课堂教学与社会实践的协同，引导大学生在多样化的德育实践活动中提升。当前，由于德育知识和信息来源非常丰富、便捷，教师在课堂上讲的很多知识和信息，学生也许已经通过其他载体听到过、学习过。在此背景

---

① 周健民、陈勰、曹建明：《高校体验式德育探究》，《高等教育研究》2017 年第 6 期。

② 任少波、单珏慧：《构建基于“知识共同体”的“德育共同体”——高等学校立德树人的二维耦合》，《教育研究》2019 年第 7 期。

下，课堂的说教、灌输已经难以适应当今大学生的发展需求。人作为社会性的存在，人的价值塑造是多种因素综合作用的结果，实际上也就决定了高校德育不能脱离社会环境而存在。多年来，高校不断探索利用社会大课堂的教育资源，通过社会实践等方式增强育人效果。从德育的存在方式来看，德育与现实生活水乳交融，它本身就是现实生活不可或缺的部分，德育的价值也只有在具体实践中才能得以彰显。高校德育要以生活世界为依托，引导大学生在实际生活情境中正确面对社会现象，在生活实践中塑造自我，提升生活的价值和意义。德育与现实生活的融合，往往更容易取得育人效果，发挥润物无声、潜移默化的功效。高校应重视社会实践活动的育人功能，“让学生在价值观念多样化、道德观念多元化的现实生活中，感受和体验社会的复杂性，提高辨别是非的能力”①。大学生社会实践形式应破除因循守旧的观念，社会实践不一定是去乡村、社区、企业等地方开展实践活动，应不断创新社会实践的形式、途径，将德育与大学生密切相关的活动加以结合，促使德育与大学生实践行为产生相干效应。例如，在大学生的志愿服务实践中，引导大学生树立为他人服务、为社会做贡献的公共精神；注重在创新创业实践中德育的渗透，引导学生培养不畏困难、重视团队精神、协作能力的优良品质；还可以组织大学生到行业中开展职业生涯教育，感悟大国工匠精神；等等，激发大学生在多样化的实践锻炼中实现价值塑造。此外，博物馆、展览馆、图书馆、宣传窗、专题讲座、学习班、讲习班、广播等丰富的育人载体，只要运用得当，都能发挥育人功能。通过邀请优秀校友、社会精英等走进校园和在校大学生分享自身的成长经历和社会经验，也是行之有效的德育实践形式。高校应积极搭建大学生成长需求的多样化社会实践平台，在参与广阔的社会实践中磨练意志、增长才干、健康成长。为此，在高校德育实践活动中，应根据大学生在不同阶段的成长需求设计相应地德育实践活动，选择合适的德育内容、采取合适的德育方法来引导大

---

① 李香善:《高校德育环境的优化》,《教育理论与实践》2014 年第 3 期。

学生的全面发展。

其次,注重显性德育方法与隐性德育方法的协同。“一个人接受德育的途径,既可以是直接的,也可以是间接的;既可以是显性的,也可以是隐性的。”①因而在高校德育实践中,既可以专门组织德育实践活动,也可以将德育融入在其他社会活动中进行。换言之,高校德育协同创新实践既要认识到德育自身的相对独立性,也要认识到与其他学科、其他实践活动的渗透性,“是一个综合的永久性的方式”②。通过构建“显”中有“隐”和“隐”中有“显”的实践模式,不断促进德育方法协同创新。对每个个体而言,都是独立的,并且有着不同的潜能和禀赋,更加适合的教育应重视学生的个性化和多样性。③正是因为大学生具有不同的个体特征,高校德育方法应当做到因材施教,统筹使用多种教育方法。通过课程体系的方式,课程体系安排、课堂教学是德育内容传授的基础方式,需要各个学习阶段、各个部分德育内容的有效衔接、互相融通;通过生活化的方式,在日常生活中接受教育是德育的重要方法;通过社会实践的方式,让大学生认识社会要求的客观性和现实性。“实践是检验真理的唯一标准”,应增强德育实践和体验,重视学生在德育实践中的价值引导。同时,需要关注德育需求结构的新变化,推动德育方法由教育者“供应本位”向受教育者“需求本位”转变,将德育内容有机融入教学、科研、管理和服务等各个方面,不断推动传统育人方法与现代育人方法的贯通,力求在人员上实现多元主体合力育人,在时间上实现各个学段有机衔接,在空间上实现全面覆盖。一方面,积极发掘显性德育中蕴含的隐性内容,丰富显性教育方法;另一方面,加强隐性教育中的显性管理,积极开发各种隐性德育资源,善于借助隐性德育资源开展德育实践活动。

---

① 班建武:《德育一体化的社会向度及其实践要求》,《国家教育行政学院学报》2022 年第 3 期。

② 德育百科全书编委会:《德育百科全书》,天津大学出版社 1994 年版,第 131 页。

③ 参见杜占元:《面向 2030 的教育改革与发展》,《教育研究》2016 年第 11 期。

再次，充分运用信息技术，促进"线上"育人方法与"线下"育人方法的协同。在现代信息技术创新的驱动下，人们的思维方式、生产生活方式、交往互动方式等发生了深刻变革。当代大学生作为互联网的"原住民"，思维方式和行为习惯深受网络影响。当前，"互联网+"已成为高校开展德育工作的重要模式，成为大学生易于接受的教育方式，高校德育协同创新也要加强现代信息技术成果的运用。高校应充分发挥互联网优势，开展网络育人，借助新媒体技术，开发受大学生喜爱的网络阵地。其中，传统载体也要结合当前时代发展变化，发挥"互联网+传统载体"有机结合的功能，不断提升德育方法的吸引力。实际上，对于大学生的价值塑造而言，"线上"教育方法与"线下"教育方法的深度融合往往能发挥深刻且持久的作用。知识的学习不再是通过教师传授这一单一途径获取，打造协同创新的"线上"与"线下"德育平台，构建德育协同创新的情境模式，在"线上"与"线下"互动、协作的学习情境中，可以促进德育资源更好地转化为学习效果。一方面，积极打造主题鲜明的线上网络育人平台，如德育名师和大学生的互动平台，组织微党课活动，宣传部门的微博、微信公众号等宣传与互动平台，广大师生可通过网络留言、观看心得等方式参与互动，推动德育理论知识入脑、入心。现代信息技术的充分利用，可以集聚更丰富的德育资源。网络空间赋予了参与主体极大的交往空间，同时也要看到，网络平台既为德育工作提供了广阔的理论宣传空间，也存在多元社会思潮传播对主流意识形态的冲击。因而，需要提高对网络育人平台的科学认识，并善于运用互联网方式对大学生进行有效的价值引导。另一方面，注重线下德育方法的应用创新，通过丰富的线下德育活动不断增强德育的生活化表达。在信息技术赋能下，时空共进、全域覆盖的德育方法更加凸显，这为高校德育方法的有机贯通提供了强大的技术支撑和实现可能。"线上"与"线下"育人方法的深度融合、综合利用，有助于打造全方位、立体化的育人方法。

二、助推高校德育系统与外部系统的协同

在社会大系统中，高校德育是一个庞大而复杂的育人系统，与外部系统之间既相互独立又密切关联。从环境生态来看，高校德育协同创新离不开系统内部以及系统与外部环境之间进行物质、能量、信息的交换，激发高校德育主体能动作用，创设有利于开展高校德育协同创新的环境条件、空间条件等，拓展高校德育实践空间，发挥高校德育系统促进人的全面发展和社会进步的积极作用。人才培养是一项复杂的系统工程，需要注重时间、空间、主体等多维度的协同，并发挥高校德育系统的自组织性。在时间维度上，高校德育协同创新要加强各个阶段的有效衔接；在空间维度上，高校德育协同创新要加强主渠道与主阵地的协同、课堂教学与社会实践的协同、线上与线下的协同以及学校、家庭、社会的协同；在主体维度上，高校德育协同创新要从学校党委到各职能部门、从教育者到教育对象，落实主体责任，激发全员育人的积极性。认清和把握高校德育协同创新的外部时空环境，能够有效地利用环境去优化、更新高校德育系统，促进高校德育系统与外部系统的协同运行，进而将各方育人力量融入到高校德育实践之中，彰显高校人才培养的价值取向，形成"立德树人"强大合力。

有学者提出"以'合力德育论'超越'学校中心论'"①，反映了单一依靠学校德育的力量有其局限性，应当重视社会和家庭的教育影响和成功经验。"学校德育系统始终处在社会环境的'包围'之中"②，实际上，高校德育系统在开放的环境中，与外部系统发生着双向影响和作用。高校德育协同创新的系统性蕴含着开放态，即包含开放包容的场域，通过汇聚、融入各种要素，一方面维持系统的持续发展，另一方面激发系统运行的动力。虽然高校对大学生

① 杜时忠：《当前学校德育的三大认识误区及其超越》，《教育研究》2009 年第 8 期。

② 戚万学、唐汉卫：《学校德育原理》，北京师范大学出版社 2012 年版，第 298 页。

的引导和教育功能至关重要，然而单一的教育力量不可能完全成就大学生的全面发展。如果单纯依靠学校的力量开展大学生德育工作，不难想象其育人效果必然大打折扣，因而需要促进学校家庭社会协同一致，“建立一个良好、健康和持续改进的‘日常德育生活形态’”①。社会变革是德育变革的重要原因所在，高校德育协同创新不能封闭保守，应主动适应开放的环境，与其进行物质、能量、信息的交换。

就大学生成长而言，其价值塑造受其生活中各种关系和环境的影响，正如有学者指出，“生活与道德是一体的，生活是道德得以生长的土壤，离开了生活，道德是无法进行‘无土栽培’的”②。高校德育协同创新是在生活世界中展开的，也在生活世界中源源不断获取资源。因此，高校德育协同创新不仅要从系统角度进行探究，还必须深入到生活世界中去考察。为了确保德育工作覆盖学生生活世界的不同场域，搭建全方位的高校德育平台具有重要价值。例如，通过建立学业发展平台、创新创业平台、社会实践平台等，对不同德育资源进行充分整合利用，提升协同育人效果。一方面，要将课堂教育的内容拓展到学生实践活动中，积极引导大学生在实践活动中锻炼成长；另一方面，要深入挖掘社会实践、志愿服务、创新创业等实践活动蕴含的育人元素，有机融入课堂教学内容。通过全方位的德育平台搭建，推动理论形态的思想政治教育与实践形态的思想政治教育的有机统一。

根据高校德育所依存的场域来划分，主要包括家庭、学校、社会等，不同的场域在目标、内容、载体方式等方面存在差异。高校德育协同创新是对立德树人特点和规律认识的深化，需要在实践中落实各育人主体责任及协同能力。家庭教育主要体现为家庭的伦理关怀、家风传承、品质涵养等；学校教育以体系化的知识教育和实践活动为主要形式，注重学生的价值塑造、德行培养、责

---

① 郗厚军：《学校家庭社会协同育人：性质指向、理论意涵及关键点位》，《东北师大学报（哲学社会科学版）》2022 年第 3 期。

② 高德胜：《生活德育简论》，《教育研究与实验》2002 年第 3 期。

任担当等;社会教育主要体现为培养公共精神,以社会化的方式进行。首先,高校要善于整合家庭教育资源,主动和家庭加强互动,共同引导学生健康成长。当今大学生大多生活在独生子女家庭,家长在孩子身上倾注了大量精力。进入大学后,各种事务需要大学生自己独自去面对、去解决。引导大学生正确认识和积极面对外部社会和生活环境提出的问题与挑战,培养适应社会发展的能力和素质,是高校德育的应有之义。家庭也需要改变教育仅仅是学校的任务的错误观念,增强家庭与学校之间的联系,帮助高校老师能够了解孩子的成长状况,以便高校针对性地加强引导。其次,只有将德育渗透于社会教育、社会生活之中,大学生的成长才能获得充分发展,因为“人的道德是社会性的道德,只有在社会生活中人的道德才有意义”①。高校德育协同创新置身于社会环境之中,社会生活中的政治因素、经济因素、文化因素等都会对其目标定位、功能发挥产生一定影响。因此,高校德育协同创新走出了封闭的场域,走向了更为开放的生活世界。

从系统观念而言,高校德育协同创新是将德育体系贯通人才培养体系之中的系统工程,进而发挥德育融入式、渗入式的效应。在高校德育工作中,只有知、情、意、行都得到充分的发展,才能塑造良好的道德素养。高校教师、社会群体、家长和学生等多元主体正是在培育时代新人这一共同目标下实现了集体协同、行动联结。明确高等教育为谁树人的育人指向,在“四个服务”中把握多元主体的共同追求,并且在尊重、关切和满足各主体利益需求的同时协调主体间的利益冲突,不断扩大多元主体的交汇点,促进高校德育协同创新的深化与延展。只有充分激发德育协同创新的内生动力,才能将当前高校德育系统运行过程中存在的分散化局面转化为各育人主体自觉自愿融入协同育人格局的主动作为,从而在根本上构筑起高校德育内涵式发展的协同创新格局,持续性提升育人实效。恩格斯“历史合力论”指出,“历史是这样创造的:最终

① 戚万学、唐汉卫:《学校德育原理》,北京师范大学出版社 2012 年版,第 15 页。

的结果总是从许多单个的意志的相互冲突中产生出来的，而其中每一个意志，又是由于许多特殊的生活条件，才成为它所成为的那样”①。因此，只有真正实现德育体系在高校人才培养体系中的贯通，使高校各育人主体在落实立德树人的目标上达成一致，将育人作为高校各岗位工作的出发点，才能不断增强育人合力。高校德育协同创新产生的协同效应则体现为各育人主体自觉、自主开展协同育人活动的力量的总和。

作为开放的复杂系统，高校德育系统只有在开放的环境下注重社会多方力量的引入，协同外部不同的德育力量，才能获得更多的外部支持。“育人场域从校园扩展到社会，包括家庭、社区、企业等，在不同的空间场域拥有不同的育人优势资源”②，在突破空间条件的限制下不断整合育人资源。个体价值塑造的过程离不开不同场域的功能，只有不同场域相互协同、相互支撑，才能发挥多元育人主体的合力作用，共同促进学生的全面发展。高校德育实践不仅仅是只在校园，也不仅仅是局限于在校师生，家庭和社会教育的功能同等重要。学校作为连接家庭、社会的重要纽带，应从学校拓展到家庭、拓展到社会相互之间的密切互动、无缝对接，促使高校德育逐步向协同创新模式转变。高校德育系统与外部系统存在着密切关联和非线性相互作用，如政府部门出台的一系列关涉德育协同发展的政策引导；家庭、企业等参与学校德育实践的互动等。“学校家庭社会协同育人，不同于一般意义上的协作，即使这一协同行为中包含着工具性的内容，也是从属于目的理性的，那就是为了‘孩子们成长得更好’。”③显然，高校德育协同创新要直面不同育人场域的分散化问题，尤其是德育实践中不同场域难以协同的难点问题，共同关注大学生的全面发展和健康成长。

---

① 《马克思恩格斯选集》第4卷，人民出版社2012年版，第605页。

② 张睿：《协同论视域下高校“三全育人”实施的机理与路径》，《思想理论教育》2020年第1期。

③ 郗厚军：《学校家庭社会协同育人：性质指向、理论意涵及关键点位》，《东北师大学报（哲学社会科学版）》2022年第3期。

可见,对高校德育协同创新复杂性、非线性、系统性的重视和认识是把握高校德育协同创新本质特征的体现,是破解高校德育协同难题的重要思路。高校德育协同创新必然要置于开放的场域之中,并不断增强内外系统之间的协同。高校德育协同创新研究是对德育复杂性现实问题的应对,体现了德育要素和形态的变化以及在复杂环境中的主动性适应,既包括宏观层面的开放性,即整合系统内外一切有助于德育协同创新发展的力量,也包括微观层面的开放性,即系统内部各组织的开放性。具体而言,一是创建生活园区育人空间,打造文化育人的生活园区、师生共享的公共空间、学生自我管理的教育平台,引导学生互帮互助、健全人格。二是拓展社会育人空间,凝聚专业教师、辅导员、校友、社会等多方资源,构建与德育相结合、与学生党建相结合、与服务社会相结合、与生涯规划和就业选择相结合的实践育人体系,激励学生在实践中受教育、长才干。三是利用网络育人空间,及时了解学生在互联网时代的学习、生活、精神、文化需求,促进线上线下的协同,全面推动育人工作。因此,高校德育要保持必要的开放性,与外部场域开展互动,推动育人合力的形成。同时,高校德育要保持一定的独立性,在坚持服务社会发展的同时,在思想道德教育和人文精神方面应当坚守引领性,而不是盲目的迎合外界。

正是高校德育系统各要素之间的耦合以及内外系统的协同,为高校德育协同创新的有序推进提供了必要条件,也使得高校德育协同效应的产生成为现实。也就是说,影响系统功能发挥既有系统内部要素的原因,也有外部因素,是两者共同影响和作用的结果。高校德育协同创新系统的开放形态呈现为内部形态和外部形态,内部形态是指要素在开放环境下的自组织模式,这种自组织模式主要体现为利益因素的驱动和自我发展的追求,并维持组织结构的开放性和功能的稳定性;外部形态是指通过扩大开放、广泛互动,不断增加德育资源的社会积累。因此,需要设计具有系统性、协同性的德育结构,使之在育人实践中激发协同创新的自组织性,发挥育人组织的活力,促动德育要素的关联和异质性力量的聚合,从而实现各育人要素和育人力量的同频共振、同向同行。

第三节　制度保障：建立健全高校德育协同创新机制

习近平总书记在全国教育大会上强调，“要深化教育体制改革，健全立德树人落实机制”。高校德育协同创新不仅要关注理念创新、组织创新，同时也要注重制度创新。就高校德育协同创新机制而言，它并非自发生成，而是需要有目的、有计划、有策略地建构。建立健全运行顺畅、有效协同、保障有力的制度体系是构建长效机制的前提，“而经过个体认知、判断、体验等因素综合发挥作用之下达成的制度认同，应视为德育模式作为一项制度设计的理想境界”①。高校德育制度的不完善，在很大程度上阻碍了育人合力的形成。高校德育协同创新并非是稳定不变的过程，由于不同要素之间的互动及组织结构相关性的增强，因而需要制定一系列内在的规范性、可调适的制度来保障其在不同阶段的有序运行，从而构成系统运行的内在规则和秩序。只有在高校德育协同创新实践中不断完善德育协同创新机制，充分发挥制度、机制的规范作用，才能打破各创新要素之间的壁垒，从整体上提升高校育人实效。从实效上看，制定高校德育协同创新实施方案与工作制度，建立健全能够稳定运行、持续有效的长效机制，是确保制度能够长期执行、有效运行的重要举措。

坚持党的全面领导，形成强有力的领导主体和保障机制是完善高校德育协同创新机制的关键。加强党对高校各项事业的领导，是高校坚持正确政治方向、办好中国特色社会主义大学的根本保证。教育部党组印发的《高校思想政治工作质量提升工程实施纲要》强调，要真正达成高校各部门间的协同

① 齐学红：《制度设计与自我呈现：学校德育模式的社会学视角》，《教育科学研究》2010年第3期。

联动，必须建立党委统一领导、部门分工负责、全员协同参与的责任体系。党的全面领导不仅体现在学校党委层面要加强立德树人的方向引领，同时要不断加强基层党组织建设，充分领导好各院系、各部门的二级党组织与基层的师生党支部，激励各基层党组织协同推进育人工作，主动承担起立德树人的主体责任，最大限度地发挥各自的育人功能，为高校育人工作的有效开展提供坚实基础。若缺乏有力的领导主体管理协调，当出现不确定性情况时，各主体之间则难以实现协同联动，各种德育资源也将难以组织协调。构建高校德育协同创新激励机制、运行与监督机制、评估与反馈机制等，有助于形成德育系统有序运行的闭环。此外，要加强政策和制度设计的系统性、协同性、稳定性和连续性。通过建立健全高校德育协同创新机制，利用政策优化作保障，不断激发德育协同效应的实现。

一、建构全方位的高校德育协同创新激励机制

依据制度优化的观点，应从传统育人机制中不利于协同的要素着手，使得新机制符合协同创新的特征。新的结构、模式在起初的形态时总是弱小的，需要靠激励机制才能发展壮大，这便是正反馈机制。激励机制是高校德育协同创新的核心机制之一，旨在充分调动各方育人力量，激发高校德育协同创新动力。个体良好德性的养成，既需要德育主体现实需要和自觉性的激发，也离不开制度的规范和激励。高校德育制度优化的目的和作用在于增进个体的德性和维护社会的正常秩序。正是基于制度环境对价值塑造的支撑功能，制度化德育理念已越来越受到重视，并成为重要的德育理念。制度化德育理念不仅重视受教育者个体的价值塑造，也尤为关注社会发展的变化，强调个体价值和社会价值之间的统一。建构全方位的高校德育协同创新激励机制体现在管理层面的创新，主要包括科学的顶层设计和有效的基层管理，“合力打造利益共

享机制，以公平的利益分配链条紧密联接参与协同创新的各方力量”①，其目的在于增强高校德育协同创新实践的动力。高校德育协同创新激励机制需要综合多方面因素，如利益协调、组织形式、文化环境等来共同实现。

首先，充分了解激励对象的实际需求。高校德育协同创新的推进离不开外在的激励，要倡导激励机制的构建。理性看待“人的现代化”是高校德育理念现代化的重要前提，但无论何种形式的现代化样态，满足人的发展需求和促进人的全面发展，是德育协同创新实践的切入点。高校德育的现代转型和协同创新实践需要正视人的发展需求，偏离了德育“以人为本”的价值诉求，也将会失去德育价值实现的可能性和必然性。

当前，高校德育系统创新主要是依靠政策文件的推动，这种自上而下的外在推动力有其必要性，但从根本上来说，高校德育协同创新还必须激发持续的内生动力，特别是激发多元化主体的内生动力。由于德育工作相对科研工作而言相对难以考核，高校普遍存在“重教书轻育人”“重科研轻教学”“重智育轻德育”等现象。为破解这些不平衡的问题，需要完善现有的激励政策，满足教育主体的发展需求或利益。如，对广大教师而言则是教师职业能力的提升和职称职级的晋升，将从事学生德育工作计入教师的工作量，作为职称评审的条件进行考核等，从而进一步增强教师开展德育工作的积极性。对利益的协调分配是高校德育协同创新激励机制构建的重点，利益的协调分配需要兼顾各主体的利益所得，目的是要形成共享成果、共担难题的协同育人格局。

其次，注重物质激励方式与精神激励方式的结合。给予恰当的物质激励是必要的，但仅有物质激励是不够的，还需要结合精神激励方式，即“运用表扬先进、给予荣誉等办法”②。高校应创新教师管理考核方式，将学生管理和育人职责纳入教师考核体系，充分调动全员参与的积极性，保障全员育人、全

---

① 李忠云、邓秀新：《高校协同创新的困境、路径及政策建议》，《中国高等教育》2011 年第 17 期。

② 德育百科全书编委会：《德育百科全书》，天津大学出版社 1994 年版，第 122 页。

过程育人和全方位育人的贯彻实施。

在具体实施路径上，可以通过绩效考评和奖励制度、典型宣传制度、问责制度，评选和奖励“教书育人”先进模范，制定“教学名师”“优秀教学能手”等荣誉的评选标准等去强化正向反馈和反向反馈机制，通过正反馈与负反馈的合理运用，及德育系统要素间的协同与竞争相互结合，不断激发德育系统的自组织动力。为此，学校要构建党委统一领导、党政齐抓共管的德育工作激励机制，激励不同部门、不同主体间的互动和协作，协同发挥各部门的德育工作合力，落实全员育人的责任。比如通过设立高校德育专项研究课题，加强德育创新研究；定期召开德育工作交流会，编撰出版德育研究论文、德育工作经验文集；对优秀研究成果、实践教育成果进行奖励，开展先进模范报告会等方式激励德育主体的创造性、协同性。

再次，营造高校德育协同创新文化环境，注重优良环境氛围的激励功能。“校园文化建设不仅仅是校园本身的建设，也是体现高校育人功能的重要隐性课程”①。可见，文化环境在高校德育工作中具有重要价值，优良的校园文化可以涵育德行、滋养心灵、培根铸魂。正是高校德育协同创新文化环境的营造，为德育主体开展德育协同创新活动创造了有利条件，使高校的校园文化、校风学风、社团活动等环境氛围发挥其重要作用。在德育协同创新文化氛围的影响下，在一定程度上提升了育人主体开展协同育人活动的自主与自觉，从而内在地强化参与协同育人的主观意愿。优良的德育协同创新文化氛围具有很强的渗透功能，有助于激励主体的思想和行为，对个体的协作意愿、自我实现、团体的共同发展都有着积极意义。高校德育协同创新文化环境要求形成全员认同、共同参与、共同探究、共同创造的组织文化，创设尊重多元、鼓励协作、全员育人的文化氛围，积极塑造协同创新的文化价值观，不断增强师生之间的互动协作，实现情感共鸣，发挥环境育人的功能。通过优良的高校德育协

① 冯建军：《学校德育》，科学出版社 2018 年版，第 83 页。

同创新文化环境的营造，旨在将立德树人的价值认同转化为全体育人主体自觉的组织行动。

德育过程是一个潜移默化的过程，营造良好的德育协同创新文化氛围，有助于激发各方育人力量对大学生进行价值塑造。大学生在现实社会中的交往过程很容易受到所处的文化环境潜移默化的影响，在社会主义核心价值观的引领下，逐渐自觉承担起社会赋予的角色，进而成为对社会有用的人。一是构建有利于学生全面发展的校园文化，充分认识校园文化环境融入德育生态的关系逻辑，整合与规范各种文化资源和载体，以熏陶感染方式增强思想传达与观念引领。校园文化环境的创设要与德育环境的创设相融合，将教风学风、大学精神、地域文化、历史资源等德育因子有机融入，同时还可深挖自身特色，打造学校自身文化品牌，持续创新与丰富校园环境的内容要素与外显形态，使其对教育对象产生积极影响。通过开展丰富多彩、形式多样的校内文体活动、社团活动等方式创设良好的体验空间与学习氛围，激发学生的创造思维与协作精神。二是构建校内、校外空间环境的教育网络。一方面，以校园文化环境为主体，有效调动家庭和社会的协助力量，使得家庭环境的"教育第一课"育人功能与校园环境的文化教育功能、社会环境的公共意识培育功能有机结合，避免德育工作中存在的"空域"与"缺位"现象；另一方面，高校要经常与社区、企业、社会公益组织等联合举办各类社会实践活动，鼓励学生参与社会调研、社区文化建设、企业创业基地等各项实体活动，搭建广泛的校、家、社会一体化协同育人平台，这既是高校德育协同创新的必然趋势，也是德育实践本性的内在要求。

高校应通过校风建设、校园文化活动等营造优良的德育协同创新文化环境，充分利用各类文化设施和阵地，充分挖掘高校德育协同创新文化环境的育人功能，引导大学生在德育协同创新文化环境中通过认知与情感、实践与意识、智力与非智力因素的多重互构，实现自身的全面发展。此外，大学章程要彰显德育协同创新文化，通过营造德育协同创新文化氛围使大学生感受、体验到优良的育人环境，进而共同促进大学生的价值塑造。

二、建构联动式的高校德育协同创新运行与监督机制

从协同学理论的观点来看，高校德育协同创新需要关注不同的参量，即可从控制变量和状态变量进行分析。控制变量是系统维持稳定和平衡并实现协同发展的关键变量，如政策体系的影响、意识形态的引导、文化环境的影响、现代技术的推动等。状态变量是对系统有影响但未构成决定因素的变量。① 高校德育协同创新运行机制具有开放性、复杂性、非线性等特征，并非是单向的、线性的过程，需要关注不同变量变化等因素影响，构建包括教师教学、科研，管理、服务、实践育人等长效机制，通过不断优化运行机制，最终生成一个不断处于动态完善的有机系统。因此，要加强高校德育协同创新运行与监督机制的整体协调统筹，密切结合培养担当民族复兴大任的时代新人的要求，促进高校德育各要素的互动与协同。

首先，高校德育协同创新方案的制定要具有科学性、系统性，同时要充分考虑运行过程中可能出现的不确定性情况。从高校治理的视角来看，应坚持系统性、协同性、整体性原则，关键在于实现各类“育人平台”的“纵向贯通”“分层设计”和“全面结合”，实现德育的整体发展，提升高校德育工作的针对性和实效性。② 由于德育协同创新涉及因素多、涉及范围广，因而需要从全局高度进行统筹安排、系统规划，考虑各层次、各要素之间的关系。一是构建高校德育工作三级联动格局，也就是形成学校党委、学院党委和基层党支部三级联动，处理好顶层协同设计与基层协作意愿的关系，将德育工作贯穿教育的全

① 参见[德]赫尔曼·哈肯：《协同学导论》，张纪岳、郭治安译，西北大学出版社 1981 年版，第 188 页。

② 参见陶思亮、陈正芹、朱惠蓉：《高校治理视域下德育工作创新发展探析》，《思想理论教育》2017 年第 3 期。

过程。高校应加大硬件设施投入，根据各学院、各专业实际情况进行多元化的育人安排，明确育人目标与教育责任。同时也需要认识到，各部门在德育实践中已形成了各自特色，在工作方法等方面有着不小差异，并且彼此间的利益诉求也有较大不同。因此，需要增强各部门之间的协同创新氛围。二是高校德育协同创新涉及新的教育基地的拓展、新的信息平台的搭建、新的德育资源的融入。在统筹人力资源的同时，还需要全面考虑物力、财力的配给，从而全方位保障高校德育协同创新的实践开展。

高校德育协同创新的有序运行还取决于载体的正确运用。一方面，传统载体如课堂教学、学术讲座、日常思想工作、党团活动等，是德育工作中必须重视的重要载体；另一方面，要高度重视现代载体的开发和运用，尤其是网络新媒体的运用和严格管理，要有意识地引导学生旗帜鲜明地牢固政治意识，传播正能量、大力弘扬主旋律。当前，各种新型媒介形态的涌现以及信息技术的快速发展，人工智能、大数据等技术广泛运用，高校德育工作势必要“借力”新媒体新技术，推动高校德育工作传统优势同信息技术深度融合。一是积极搭建网络平台，充分利用新媒体的传播特性，拓展德育空间。如“易班”平台的建设和应用等，将网络主题活动、网络交流平台等作为德育工作的重要切入点，打造新时代德育工作新模式，并在实践过程中衍生出诸如网络治理、网络协同、网络反馈等，对于高校德育载体创新具有积极作用。二是加强网络教育空间的内涵式建设。德育工作者要加强网络媒体在德育工作中的创新运用，使教育者与教育对象在平等交流与互动的情境中产生情感认同、价值共鸣。同时，德育工作者要增强信息素养、媒介素养，将现代信息技术转化为德育工作的动力要素，实现德育活动现实空间与虚拟空间的协同。

其次，科学构建高校德育多元主体协同创新机制。具体而言，管理主体即在高校党委的领导下，党政干部主要负责德育工作的政策制定、组织协调等。实施主体即在高校德育工作中负责具体落实的人员，主要包括任课教师、辅导员、班主任、后勤工作人员等各类育人力量，要充分重视学生的成长规律，深入学生的内心,自觉将德育贯彻落实到理论课堂和实践课堂的教学过程中,将知识传授和价值塑造结合起来。比如,为了提高高校思政课教师队伍的能力和素养,就要求加强思政课教师遴选、培训等,优化子系统,构建高质量的思政课教师队伍。接受主体即大学生群体,要充分激发大学生的主体性、能动性、协同性,引导其自觉接受教育,同时积极发挥朋辈效应,增强协同创新意识,积极影响和帮助周围大学生树立正确的价值观念。在高校德育主体协同创新机制构建中,发挥高校党团组织功能并形成有机整体是其重要举措。不论是学校各二级单位,还是学校教职员工都是在高校党委、行政的领导下发挥自身的育人力量。

高校德育协同创新涵盖了包括教学组织、行政部门、科研机构等在内的多个组织实体,在协同创新理念下,各个组织的职责定位、资源配置与协调联动等是影响高校德育协同创新有序运行的关键。高校在各类德育组织的运行过程中,要全方面为德育协同创新发展创造有利条件。第一,要处理好高校德育协同创新运行的布局问题,即系统的运行机制与制度保障问题,构建多层次、系统化的德育体系,形成协同机制。第二,做好德育组织间的职能划分、协调配合,寻找基于共同价值目标的切入点,使其根据不同的职能职责、利用不同教育资源,在目标协同的基础上发挥教育主体的组织优势、人才优势,实现各德育组织之间信息与资源的调配、共享。其中,关键在于教育主体协同创新意识的提升、深化。第三,在整体上把握高校德育协同创新的运行过程与秩序。高校德育协同机制的建构并非是一蹴而就的,必然要经历由分散到集中、由无序到有序、由低效到高效的动态变化过程。在实践层面,要抓好德育工作贯穿教育教学全过程的"大协同"及各项德育工作的"小协同",逐步扩展并纳入更多与之相关的职能部门参与德育过程,直至形成德育协同创新格局。

高校党建和高校德育工作不仅要防止"两张皮"现象,更要加强高校党建与高校德育工作的有机融合。面对主体特征、外界环境的深刻变化,高校德育工作需要把握新形势、新任务、新要求,在工作方式上与时俱进、协同创新。在教育部印发的《普通高等学校学生党建工作标准》中，要求校、院（系）党组织将学生党建工作摆在突出位置，在按年级或院（系）设置学生党支部的基础上，扩大党组织的覆盖面，依托项目组、学生公寓、社团等建立党组织，强调要加强党对德育工作的领导，建立和完善党委统一领导、党政齐抓共管、专兼职队伍相结合、充分发挥学生组织的作用，使之形成一个有机整体，形成合力，以切实有效地加强和改进学校德育工作。因此，要使高校德育协同创新实践真正落实到位，必须压实主体责任，明晰育人主体的责任清单，细化岗位职责，建立具有差异性和针对性的责任清单，树立协同创新理念，增强育人主体的共同体意识，充分调动各机构部门的协同性，完善各部门协同育人的领导体制和管理机制。

再次，通过共同体形式，探索不同场域的协同创新育人机制，并围绕育人目标增强互动。由于人的道德发展需要从知情意行的不同向度展开，促进每项教育活动能够围绕立德树人共同目标发挥其独特育人功能，真正促进教育对象各个向度的全面发展。对于高校德育协同创新而言，其关联着不同的子系统，且都有着各自的性质、职责和功能。因而，“需要精准把握各子系统在育人目标上的内在耦合，找准各子系统在育人实践中同频共振、同向同行的践履路径和方法脉络，形成各子系统的良性互动”①。欲实现“立德树人”的价值目标，高校德育势必要深入社会系统并与社会其他子系统发生相互关联，形成多元育人主体共同参与、共同发展的“育人共同体”。一方面，学校要加强与家庭的深度联系与互动，共同关注学生的思想动态与成长需求，既要站在学校角度将各项学校的政策信息传达给家长，也要站在家庭角度将家长的育人困惑和实际困难反馈给学校，促进学校与家庭之间协同育人工作的深度和广度，共同促进大学生的健康成长。另一方面，学校要联合政府机构、企事业单位、社会组织等开展育人项目合作，要坚持弘扬社会主义理想信念，坚决抵制

① 艾楚君、焦浩源：《试论高校思想政治教育协同机制的构建》，《思想教育研究》2019 年第 6 期。

错误观念和不良风气对大学生成长的影响，营造优良的协同育人氛围，在共同协作中推进高校德育协同创新工作。

构建党委统一领导、党政齐抓共管、各部门分工协作，以及家庭学校社会协同育人的格局，既是德育多年来总结的传统做法，也是新时代需要不断加强的重要理路。课程育人、科研育人、组织育人、服务育人等“十大”育人体系是高校德育协同创新的重要基础，通过完善德育协同创新体制机制、育人平台搭建、组织条件保障等，实现各子系统互联互通、协同协作、同向同行。同时，加强高校德育工作领导体制，通过所有党政部门的密切协同，各院系、各部门的有效实施，各育人主体的广泛参与，构建高校德育协同创新的工作格局。高校德育协同创新需要坚持与青年大学生社会生活的不同阶段、不同空间等相适应，进一步完善协同育人的新形态，通过充分发挥高校德育协同创新运行机制的作用，激发社会德育资源的投入和家庭德育资源的参与，围绕大学生的健康成长和全面发展共同发力，形成以学校为引导，社会和家庭广泛参与协同育人的局面。

此外，高校德育协同创新的监督机制对保障高校德育协同创新有序运行具有重要作用。为了顺利完成设定的高校德育协同创新目标，需要从制度层面做好监督工作，进行全过程的监督和调控。一是高校主管部门应加强对德育协同创新实践的管理和监督，同时对院系管理方面进行监督，以及注重发挥任课教师、辅导员和学生骨干的监督力量；二是充分发挥家长、社会组织等外部监督职能，共同促进高校德育协同创新实践。合理的高校德育协同创新监督机制不仅有利于促进上下层级之间思想和行为的一致性，也有利于整体上调控运行状态的具体落实。通过有效监督能够及时发现高校德育协同创新运行过程中出现的问题，从而进行及时修正与完善。因而，监督机制伴随着整个高校德育协同创新运行过程之中。

三、建构多元化的高校德育协同创新评价与反馈机制

高校德育协同创新评价与反馈机制具有诊断、导向等功能，有助于促进高校德育协同创新实践。高校德育协同创新的评价则是用各项指标检验德育协同创新工作是否取得了成效，通过对教育主体、教育力量的评价，同时结合对大学生思想观念现状的考察，检验教育主体在协同育人方面所做工作的实效，提出需要改进之处，进一步明确德育协同创新工作的努力方向。高校德育协同创新评价机制不仅影响着高校德育自身的发展，同时它对于整个高校德育体系的革新也具有重要的辐射功能。“当前高校针对德育工作的评估依然是一种‘自上而下’的‘被动’的‘规范性’评估，而非基于各高校德育工作目标的‘自觉性’和‘自主性’评估。”①高校德育协同创新评价机制的重点正是要摆脱这种被动的评估局面，克服评价的片面性、功利性等不良倾向，以自觉性、自主性、本真性来引导高校德育体系的优化和促进人的全面发展，推动高校德育协同创新评价体系回归于人的本真、回归于人的全面发展这一核心价值目标。推动高校德育协同创新需要发挥评价体系的“指挥棒”作用，将立德树人成效作为高校办学的首要标准，引导学生全面发展，培育担当民族复兴大任的时代新人。

首先，高校德育协同创新评价机制应重视对人的成长性和发展性的关注。从当前高校德育评价考核标准来看，高校德育协同创新评价机制往往体现的是工具性价值。高校德育协同创新评价机制应破除以绩效考核为目标的绩效主义管理模式对德育评价的束缚，以绩效目标来代替人的价值目标，势必造成对人的价值本身和成长性的忽略。高校德育协同创新评价机制需要突破传统

① 陶思亮、陈正芹、朱惠蓉：《高校治理视域下德育工作创新发展探析》，《思想理论教育》2017 年第 3 期。

思维,“必须以德育目的为准绳、为标矢”①,根据学校实际、学生发展和学科建设适度放权,尤其是要通过建构现代化的德育评价体系来替代传统的绩效主义管理模式。为此,高校德育协同创新评价机制需要避免陷入绩效主义的困境和弊病。

绩效主义与现代社会的工具理性不断膨胀密切相关,容易走向绩效目标对价值目标的替代。高校德育协同创新评价最应需要关注的是“人”本身的发展,即大学生的价值塑造、心灵成长。“成绩和升学更多是属于工具性价值,其背后需要承载导人向善的价值目的才能够使得相应的教学配享教育的称谓。”②实际上,教学之所以是教育而不是培训,不仅仅是对学生知识和技能的传授,更是因为其承担着立德树人的价值功能。高校德育协同创新评价体系的功能必然要坚持育人的导向问题,服务于德育目标的实现。因此,高校德育协同创新评价考核标准既要注重教师与教师、教师与学生以及学校与家庭、社会的互动协作的技术性问题,也要注重学校德育理念的变革问题,即学校应在德育中树立全员育人理念,把增强协同育人的实效和促进大学生的健康成长作为高校德育协同创新工作的核心要义。

其次,高校德育协同创新评价机制应注重开放性评价、融合性评价等方法。一是需要将过程评价与结果评价相结合。仅仅重视结果的评价方式往往容易导致德育的功利主义,注重过程评价与结果评价相结合有助于高校德育协同创新的可持续发展。二是将内部评价和外部评价结合起来。在高校德育协同创新评价中,既通过外部评价促进德育协同创新实践,又通过内部评价及时反思、总结,不断完善德育协同创新组织结构。构筑德育协同创新评价的线上线下一体化平台,除了学校管理者、教师等参与其中,学生以及家长也可以通过线上平台来参与评价。“构建党委政府、高等学校、教师、学生、社会等多

---

① 戚万学、唐汉卫:《学校德育原理》,北京师范大学出版社 2012 年版,第 129 页。

② 班建武:《德育一体化的社会向度及其实践要求》,《国家教育行政学院学报》2022 年第 3 期。

元参与的综合性评价体系，增强评价的系统性、整体性和协同性”①，从而充分发挥多元主体的公共参与，激发多元主体的共治智慧。根据高校德育协同创新的具体实践来探索评价体系的具体方案，建构具有学校特色、符合学生发展需要的德育协同创新评价体系。

通过发挥多元主体的评价力量，高校德育协同创新评价体系才能更好地体现教师、学生、家长等多元主体的共同协作，才能促进科学的德育协同创新评价体系的构建。通过对大学生成长和发展的全面关注，通过建构融合性评价、开放性评价等评价方法促使高校德育协同创新评价更好地回归于协同育人的目标追求，激励各类育人主体为育人共同体的构建奉献更多力量，最终实现培养时代新人的教育使命。

此外，需要拓宽信息反馈渠道，构建多维的高校德育协同创新反馈机制。在高校德育协同创新反馈机制运行过程中，应及时、有效地将收集到的信息系统整理后进行反馈，从而推动高校德育协同创新相关制度或规划作出完善、调整，并将新制度、新规划运用到德育实践中。高校德育协同创新反馈机制的构建具有事后调节的作用，能在一定程度上弥补和优化机制运行状态，从而避免将来产生同样的问题。只有不断地取得反馈信息，才能使高校德育协同创新的内容、方法、载体等不断适应大学生的成长需求。在学校主导过程中，要做好制度设计，强化组织动员，履行反馈职能，及时反馈和处理思想认识不到位、协同工作不到位、评价不到位等问题，突出及时反馈的功能。完善高校德育协同创新反馈机制还应体现反馈对象的多元化，既包括向上级管理部门、德育工作者、大学生反馈外，还应主动向学生家长、学校相关部门、用人单位等进行及时有效反馈。大数据技术的广泛运用为实施效果的反馈提供了极大便捷，并可通过同步数据检索、同步流内监控、分析行动的触发方式等对师生群体的诉

---

① 冯刚、史宏月：《新时代高等学校思想政治教育质量评价科学化》，《教育研究》2021 年第 10 期。

求做出及时回应。① 为此,可充分利用大数据技术提升反馈的精准性,并通过构建线下反馈与线上反馈有机结合的模式,形成线上线下的相互印证、相互促进的互动关系,助力高校德育协同创新现实状况的有效反馈。

由上可见,高校德育协同创新激励机制、运行与监督机制、评价与反馈机制等缺一不可、互为支撑。在科学的高校德育协同创新制度体系建构中,需要综合发挥机制的整体性作用,不断增强高校德育协同创新的内生动力,促进高校德育协同创新有序运行和动态平衡,推动实现高校德育协同创新实践的协同效应。高校德育协同创新机制的优化,是确保不断推进高校德育协同创新实践的关键所在,应通过多元化协作机制、常态化监督机制、明晰化责任机制、规范化管理机制和科学化评价机制的完善与革新促使各育人力量围绕协同育人目标协同发力、凝聚力量。总之,高校德育协同创新要求各方力量都参与到德育工作中,将德育诸要素进行整合与系统优化,通过各要素的耦合,建立健全高校德育协同创新机制,形成高校德育工作的整体合力,最终实现高校德育的总体目标。

① 参见杨晓峰:《大数据时代的教育:展望与行动》,《高等教育研究》2016 年第 12 期。

结　　语

问题导向是推动高校德育协同创新的重要切入点。习近平总书记指出："坚持问题导向是马克思主义的鲜明特点。问题是创新的起点，也是创新的动力源。"①高校德育协同创新理论和实践的发展本身是一个不断提出问题、回应问题、研究问题与解决问题的过程。高校德育协同创新需要反映时代特征和实践要求，聚焦德育系统优化不断探索，并紧紧围绕德育合力形成的基本范畴，如差异与共识、多样性与协同性、碎片化与系统性等。高校德育协同创新实施过程中存在的难题既是影响高校德育协同创新成效、阻碍高校德育协同创新顺利开展的瓶颈，也是推动高校德育协同创新实践的突破口。从这个意义上来讲，开展高校德育协同创新研究既是时代发展的趋势使然，更是对高校德育实践面临协同难题的积极回应。

高校德育协同创新并非是事先有一个确定的理想的德育形态，而是需要根据新的时代特征不断优化。高校德育的时代性决定了高校德育系统优化的时代价值取向，为此，需要我们置身所处的新时代有意识的去反思：高校德育现状存在怎样的隐忧？我们又希望建构怎样的理想的德育形态？事实上，在现实的高校德育形态演进过程中，矛盾性和挑战性不断累积，往往以协同学理

① 习近平：《在哲学社会科学工作座谈会上的讲话》，人民出版社2016年版，第14页。

论中阐述的“涌现的状态”集中地表现出来，其本质上反映了传统性与现代性并存而导致的自身系统的复杂性。高校德育协同创新应是一种超越工具理性的实践理性的多维协同，这一实践理性是在科学认识高校德育系统要素的功能差异和功能互补的前提下，实现育人功能的耦合。

通过对高校德育协同创新的系统分析，可以看出，不论是多元化存在、多样式构成和多层次互动，抑或是涌现性特征、非线性运行和非平衡发展，都突出表明了复杂性是高校德育协同创新的本质特征之一。高校德育协同创新需要在路径选择上注重德育协同创新理论成果的实践转化和运用，从理念、目标、主体、内容、方法、机制、管理等方面增强协同性着手，不断激发高校德育协同创新的内生动力。一是在理念上，注重人的主体性，秉持个体价值与共同体价值的统一；二是在目标上，体现导向性、协同性、动态性的整体构建；三是在内容上，不断拓展和深化，实现有机融通；四是在方式方法上，尊重大学生的个体差异，倡导多元化、综合化，彰显高校德育协同创新实践的时代感和吸引力；五是在制度机制上，应服务于高校德育协同创新目标，不断优化高校德育协同创新激励机制、运行与监督机制、评价与反馈机制等；六是在管理能力上，提升信息化、协同化、现代化水平。

尽管高校德育协同创新研究的理论与实践价值已经显现，但在今后的研究中，还存在不少值得进一步深入探究的问题。如高校德育协同创新的内容、方法以及运行机制等相关研究有待进一步探索；如何兼顾不同领域、不同育人主体的利益诉求；不同地区、不同高校的德育协同创新发展状况差异及其影响因素；等等。其中，有些研究主题在不同阶段会交替进行或同时存在。根据当前高校德育协同创新实践所面临的各种瓶颈问题和复杂形势，迫切需要将高校德育协同创新的理论成果运用于具体德育实践活动之中。为此，对高校德育协同创新理论与实践发展的进一步探索极其有必要，其关键就是在更加开阔的理论视野下、更加多样的丰富实践中推进高校德育整体优化和可持续发展。一是高校德育理念的科学化。高校德育的复杂性以及由此产生的复杂性问题,需要树立系统观念、协同创新意识,认清高校德育协同创新的复杂性、系统性,其目的是为了更加科学有效地应对高校德育实践中的不确定性问题,通过开放格局、突出主体性作用、形成整体性合力不断推进高校德育协同创新。二是高校德育系统构建的现代化。高校德育协同创新应以机制优化为重点,根据时代特征不断调整系统要素的结构,使其不断适应新时代背景下内外环境的变化,不断实现高校德育的主体协同、过程有序、资源共享、动力激发和系统完善。

显然,基于学科交叉的视域探究高校德育协同创新,为促进高校德育系统优化、提升协同育人实效提供了新的思路。在跨学科研究过程中,需要秉持开放、包容的态度,同时需要坚持高校德育自身的特质,加强前瞻性思考、系统性设计和体系化建构,通过跨学科视域的借鉴促进高校德育协同创新整体实效向更高水平的方向发展。高校德育协同创新在不断变化、发展的形势中,需要坚持正确的政治方向,自觉融入社会发展大趋势,提升高校德育创新发展的前瞻性。面向未来,高校德育协同创新应致力于建构系统性、整体性、协同性、创新性的德育体系,更加强调育人的共同体价值和育人力量的合力促成。总之,高校德育协同创新需要立足我国国情,坚持以"立德树人"为价值目标,以"要素耦合"为主要特征、以"协同联动"为内生动力,促进育人场域由"散点式"向"协同性"转变,不断优化高校德育系统,进而激发高校德育协同效应。

参考文献

一、经典文献类

[1]《马克思恩格斯文集》第1—10卷,人民出版社2009年版。

[2]《毛泽东选集》第一——四卷,人民出版社1991年版。

[3]《邓小平文选》第一——三卷,人民出版社1994、1994、1993年版。

[4]《江泽民文选》第一——三卷,人民出版社2006年版。

[5]《胡锦涛文选》第一——三卷,人民出版社2016年版。

[6]《习近平谈治国理政》第一——四卷,外文出版社2018、2017、2020、2022年版。

[7]习近平:《高举中国特色社会主义伟大旗帜　为全面建设社会主义现代化国家而团结奋斗——在中国共产党第二十次全国代表大会上的报告》,人民出版社2022年版。

[8]《十八大以来重要文献选编》上、中、下册,中央文献出版社2014、2016、2018年版。

[9]《公民道德建设实施纲要》,学习出版社2001年版。

[10]《新时代公民道德建设实施纲要》,人民出版社2019年版。

二、著作类

[1][德]斐迪南·滕尼斯:《共同体与社会》,张巍卓译,商务印书馆2019年版。

[2] [德]赫尔曼·哈肯:《协同学导论》,张纪岳、郭治安译,西北大学出版社 1981 年版。

[3] [德]赫尔曼·哈肯:《协同学:理论与应用》,杨炳奕译,中国科学技术出版社 1990 年版。

[4] [德]赫尔曼·哈肯:《大自然成功的奥秘:协同学》,凌复华译,上海译文出版社 2018 年版。

[5] [英]伯顿·克拉克:《高等教育新论——多学科的研究》,王承绪等译,浙江教育出版社 2001 年版。

[6] [法]埃德加·莫兰:《复杂的思想:自觉的科学》,陈一壮译,北京大学出版社 2001 年版。

[7] [英]欧阳莹之:《复杂系统理论基础》,田宝国、周亚、樊瑛译,上海科技教育出版社 2002 年版。

[8] [美]塞缪尔·亨廷顿:《文明的冲突与世界秩序的重建》,周琪等译,新华出版社 1998 年版。

[9] [德]雅斯贝尔斯:《什么是教育》,邹进译,生活·读书·新知三联书店 1991 年版。

[10] [美]小威廉姆·E.多尔:《后现代课程观》,王红宇译,教育科学出版社 2003 年版。

[11] [德]哈贝马斯:《现代性的哲学话语》,曹卫东等译,译文出版社 2004 年版。

[12] [英]穆勒:《功利主义》,徐大建译,商务印书馆 2017 年版。

[13] [英]罗斯:《正当与善》,林南译,上海译文出版社 2008 年版。

[14] [法]皮埃尔·布迪厄、[美]华康德:《实践与反思——反思社会学导引》,李猛、李康译,中央编译出版社 2004 年版。

[15] [美]麦金泰尔:《德性之后》,龚群译,中国社会科学出版社 1995 年版。

[16] [法]弗朗索瓦·佩鲁:《新发展观》,张宁译,华夏出版社 1987 年版。

[17] [英]齐格蒙特·鲍曼:《全球化》,郭国良、徐建华译,商务印书馆 2013 年版。

[18] [美]杜维明:《儒家思想新论——创造性转换的自我》,曹幼华、单丁译,江苏人民出版社 1996 年版。

[19] [英]安东尼·吉登斯:《现代性的后果》,田禾译,译林出版社 2000 年版。

[20] [美]罗伯特·阿克塞尔罗德:《合作的进化》,吴坚忠译,上海人民出版社 2017 年版。

［21］孙正聿:《马克思主义基础理论研究》,北京师范大学出版社 2011 年版。

［22］钱学森:《创建系统学(新世纪版)》,上海交通大学出版社 2007 年版。

［23］李志才:《方法论全书(Ⅲ)自然科学方法》,南京大学出版社 1995 年版。

［24］苗东升:《系统科学精要(第 4 版)》,中国人民大学出版社 2016 年版。

［25］吴彤:《自组织方法论研究》,清华大学出版社 2001 年版。

［26］赵凯荣:《复杂性哲学》,中国社会科学出版社 2001 年版。

［27］李士勇:《非线性科学与复杂性科学》,哈尔滨工业大学出版社 2006 年版。

［28］王诺:《系统思维的轮回》,大连理工大学出版社 1994 年版。

［29］鲁洁、王逢贤:《德育新论》,江苏教育出版社 2000 年版。

［30］鲁洁、夏剑、侯彩颖:《鲁洁德育论著精要》,福建教育出版社 2016 年版。

［31］任少波:《高校德育体系新认知:共同体的实践》,浙江大学出版社 2019 年版。

［32］任少波:《辅导员:高校立德树人的关键力量》,高等教育出版社 2016 年版。

［33］檀传宝:《德育原理》,北京师范大学出版社 2017 年版。

［34］陈桂生:《德育引论》,华东师范大学出版社 2018 年版。

［35］詹万生:《整体构建德育体系引论》,教育科学出版社 2001 年版。

［36］张澍军:《德育哲学引论》,中国社会科学出版社 2008 年版。

［37］赵祖地:《高校德育评估概论》,浙江人民出版社 2003 年版。

［38］冯刚、彭庆红等:《新时代高校思想政治教育学原理》,人民出版社 2021 年版。

［39］冯刚:《改革开放以来高校思想政治教育发展史》,人民出版社 2018 年版。

［40］陈万柏、张耀灿:《思想政治教育学原理(第三版)》,高等教育出版社 2015 年版。

［41］张耀灿:《中国共产党思想政治教育史论》,高等教育出版社 2006 年版。

［42］沈壮海:《新编思想政治教育学原理》,中国人民大学出版社 2022 年版。

［43］郑永廷:《思想政治教育方法论(第三版)》,高等教育出版社 2022 年版。

［44］梁桂麟:《知识经济与高校德育》,人民出版社 2002 年版。

［45］肖萐父、李锦全:《中国哲学史(上)》,人民出版社 1982 年版。

［46］李恒威:《“生活世界”复杂性及其认知动力模式》,中国社会科学出版社 2007 年版。

［47］刘沧山:《中外高校思想教育研究》,人民出版社 2008 年版。

[48] 陈桂生:《中国德育问题》,福建教育出版社 2006 年版。

[49] 骆郁廷:《精神动力论》,武汉大学出版社 2003 年版。

[50] 王立仁:《德育价值论》,中国社会科学出版社 2004 年版。

[51] 范树成:《德育过程论》,中国社会科学出版社 2004 年版。

[52] 郭凤志:《德育文化论》,中国社会科学出版社 2008 年版。

[53] 潘懋元:《多学科观点的高等教育研究》,上海教育出版社 2001 年版。

[54] 刘晖:《中国社会变迁三十年的教育思考》,中国社会科学出版社 2018 年版。

[55] 梁漱溟:《中国文化要义》,上海人民出版社 2005 年版。

[56] 成有信:《现代教育论集》,人民教育出版社 2002 年版。

[57] 高平叔:《蔡元培教育论集》,湖南教育出版社 2001 年版。

[58] 赵新峰:《协同育人论》,人民出版社 2013 年版。

[59] 董雅华:《思想政治教育哲学问题研究》,复旦大学出版社 2019 年版。

[60] 洪波:《马克思个人理论的整体性与当代性研究》,浙江大学出版社 2015 年版。

[61] 杨晓慧:《当代大学生成长规律研究》,人民出版社 2010 年版。

[62] 刘基:《高校思想政治教育论》,中国社会科学出版社 2006 年版。

[63] 王伟忠:《当代大学生道德社会化问题研究》,浙江大学出版社 2016 年版。

[64] 孙少平:《新中国德育五十年》,福建教育出版社 2002 年版。

[65] 彭未名:《交往德育论》,山西教育出版社 2005 年版。

[66] 王东莉:《德育人文关怀论》,中国社会科学出版社 2005 年版。

[67] 张岱年、程宜山:《中国文化精神》,北京大学出版社 2015 年版。

[68] 江畅:《德性论》,人民出版社 2011 年版。

[69] 郭建宁:《社会主义核心价值观基本内容释义》,人民出版社 2014 年版。

[70] 高德胜:《生活德育论》,人民出版社 2005 年版。

[71]《现代汉语词典(第 7 版)》,商务印书馆 2016 年版。

[72] 彭新武:《复杂性思维与社会发展》,中国人民大学出版社 2003 年版。

[73] 彭未名:《交往德育论》,山西教育出版社 2005 年版。

[74] 龚海泉:《走进新世纪的高校道德教育》,华中师范大学出版社 2001 年版。

[75] 王正平:《中国传统道德论探微》,上海三联书店 2004 年版。

[76] 周先进:《学会关心:教学价值观的反思与重建》,教育科学出版社 2012 年版。

[77] 王冀生:《大学文化哲学:大学文化既是一种存在更是一种信仰》,中山大学出版社 2012 年版。

[78] 郑永廷:《人的现代化理论与实践》,人民出版社 2006 年版。

[79] 曾建、张一方:《社会协同学》,科学出版社 2000 年版。

[80] 李忠军:《意识形态安全与大学生政治价值观研究》,东北师范大学出版社 2008 年版。

[81] 吴潜涛:《高校思想政治教育的理论与实践》,人民出版社 2012 年版。

[82] 熊建生:《思想政治教育内容结构论》,中国社会科学出版社 2012 年版。

[83] 徐向东:《道德哲学与实践理性》,商务印书馆 2006 年版。

[84] 郑永廷、张彦:《德育发展研究》,人民出版社 2006 年版。

[85] 董宝良:《陶行知教育论著选》,人民教育出版社 2015 年版。

[86] 韩桥生:《道德价值共识论》,人民出版社 2015 年版。

[87] 李德顺:《价值论》,中国人民大学出版社 2007 年版。

[88] 骆郁廷:《思想政治教育引论》,中国人民大学出版社 2018 年版。

[89] 黄欣荣:《复杂性科学的方法论研究》,重庆大学出版社 2006 年版。

[90] 张耀灿:《思想政治教育学科建设研究》,中国人民大学出版社 2017 年版。

[91] 赵振洲:《现代西方道德教育策略研究》,山东人民出版社 2010 年版。

[92] 冯建军:《学校德育》,科学出版社 2018 年版。

[93] 戚万学、唐汉卫:《学校德育原理》,北京师范大学出版社 2012 年版。

[94] 石中英:《教育哲学导论》,北京师范大学出版社 2004 年版。

[95] 黄楠森:《马克思主义哲学史》,高等教育出版社 1998 年版。

[96] 张忠华:《传承与超越:当代德育理论发展研究》,光明日报出版社 2015 年版。

[97] 王荣德:《现代德育论》,中国社会科学出版社 2016 年版。

[98] 代玉启:《新时代青年文化景观研究》,浙江大学出版社 2020 年版。

[99] 郑永安:《高校德育创新与发展成果选编》,人民出版社 2011 年版。

[100] 马军红:《内化视域下高校德育研究》,中国社会科学出版社 2016 年版。

三、外文文献类

[1] David L, Rogers, David A, and Whetten, *Interorganizational Coordination: Theory*,

Research, and Implementation, Ames, IA: Iowa State University Press, 1982.

[2] H.Haken, *Information and Self-Organization: A Macroscopic Approach to Complex Systems*, New York: Springer-Verlag, 1988.

[3] Chesbrough H, *The Era of Open Innavation*, Boston: Harvard Business School Press, 2003.

[4] Veronica Senano and Thomas Fischer, "Collaborative Innovation in U-biquitous Systems", *Journal of Intelligent Manufacturing*, Vol.18, No.5, 2007.

[5] Fiaz M, "An Empirical Study of University-industry R&D Collaboration in China: Implications for Technology Insociety", *Technology in Society*, Vol.35, No.3, 2013.

[6] Schwartz M, Peglow F, Ftitsch M, and Gnther J, "What Drives Innovation Output from Subsidized R&D Cooperation? ——Project Level Evidence from Germany", *Technovation*, Vol.32, No.6, 2012.

[7] Chesbrough H, "The Logic of Open Innovation: Managing Intellectual Property, *California Management Review*", Vol.45, No.3, 2003.

[8] Martínez-Roman J A, Gamero J, and Tamayo J A, "Analysis of Innovation in SMES using an Innovative Capability Based Non-linear Model: A Study in the Province of Seville (Spain)", *Technovation*, Vol.31, No.9, 2011.

[9] ketchen D J, Ireland R D, and Snow C C, "Strategicentrepreneurship, Synergistic Innovation, and Wealth Creation", *Strategic Entrepreneurship Jorrnal*, Vol.1, No.3, 2007.

四、论文类

[1] 哈巍、范皑皑等:《从全球到中国:社会与学校的教育协同创新》,《华东师范大学学报(教育科学版)》2022 年第 12 期。

[2] 鲍勇剑:《协同论:合作的科学——协同论创始人哈肯教授访谈录》,《清华管理评论》2019 年第 11 期。

[3] 冯仰生:《内容 · 方法:国外高校德育及其借鉴》,《江苏高教》2017 年第 11 期。

[4] 陈劲、阳银娟:《协同创新的理论基础与内涵》,《科学研究》2012 年第 2 期。

[5] 任少波、楼艳:《论高校德育共同体的三重意蕴》,《高等教育研究》2018 年第 8 期。

［6］任少波、单珏慧:《构建基于“知识共同体”的“德育共同体”——高等学校立德树人的二维耦合》,《教育研究》2019 年第 7 期。

［7］曹政、任少波:《论德育共同体的内生性、协同性与生态性》,《浙江社会科学》2020 年第 12 期。

［8］刘同舫:《马克思主义哲学研究中的三重解释张力及其认知变化》,《哲学研究》2019 年第 9 期。

［9］代玉启:《论高校典礼文化的精神价值与育人功能》,《高等教育研究》2018 年第 7 期。

［10］冯建军:《四十年德育改革的中国道路与中国经验》,《东北师大学报(哲学社会科学版)》2018 年第 6 期。

［11］孙华锋:《高校协同创新能力提升的体制机制因素分析》,《国家教育行政学院学报》2014 年第 10 期。

［12］蓝晓霞:《美国产学研协同创新保障机制探析》,《高等工程教育研究》2014 年第 7 期。

［13］舒也:《“系统哲学”与价值困境》,《浙江社会科学》2015 年第 11 期。

［14］解学梅、方良秀:《国外协同创新研究述评与展望》,《研究与发展管理》2015 年第 4 期。

［15］杨思帆:《美国教师教育协同创新生态系统构建及其经验》,《比较教育研究》2017 年第 4 期。

［16］山鸣峰、马君:《高校协同创新的有效运行机制和驱动力研究》,《复旦教育论坛》2013 年第 11 期。

［17］董超、李正风:《协同创新的运营模式分析》,《中国科技论坛》2014 年第 9 期。

［18］潘启亮、黄黎露:《试析协同创新的利益协调机制——基于共生理论的视角》,《高教探索》2013 年第 5 期。

［19］邱柏生、刘巍:《试论思想政治教育学科建设的协同创新》,《东南大学学报(哲学社会科学版)》2014 年第 6 期。

［20］张艺、许治、朱桂龙:《协同创新的内涵、层次与框架》,《科技进步与对策》2018 年第 9 期。

［21］洪林、陈桂香:《高校协同创新的哲学思考》,《重庆高教研究》2013 年第 5 期。

［22］潘懋元:《“协同创新”的高等教育研究》,《中国高教研究》2013 年第 6 期。

［23］孙清忠、黄方方:《高校协同创新中心资源优化配置机制构建探析——基于管理协同理论视角》,《高教探索》2014 年第 5 期。

［24］郭丹丹、郑金洲:《教育研究中的协同创新》,《河北师范大学学报(教育科学版)》2014 年第 2 期。

［25］肖薇薇、陈文海:《大学生思想政治教育协同创新机制:条件、效应与建构》,《学校党建与思想教育》2015 年第 10 期。

［26］孙建、周举坤:《协同理论视域下的大学生思想政治教育创新研究》,《学校党建与思想教育》2015 年第 7 期。

［27］陈玲:《“三全育人”协同创新组织的建构》,《学校党建与思想教育》2021 年第 4 期。

［28］王源平:《论主体视阈下的高校思想政治教育协同创新》,《学校党建与思想教育》2014 年第 10 期。

［29］张莉、胡芝:《“大思政”视域下高校思想政治教育协同创新研究》,《学校党建与思想教育》2018 年第 11 期。

［30］岳龙:《思想政治教育协同创新视域下的高校全员育人体系建构》,《思想教育研究》2022 年第 8 期。

［31］王学俭、李晓莉:《论思想政治教育协同创新》,《甘肃社会科学》2014 年第 3 期。

［32］鸣峰、马君:《高校协同创新的有效运行机制和驱动力研究》,《复旦教育论坛》2013 年第 11 期。

［33］顾海良:《打牢马克思主义学科建设的根基》,《理论导报》2015 年第 4 期。

［34］李德顺:《普遍价值及其客观基础》,《中国社会科学》1998 年第 6 期。

［35］刘良华:《德育改革的伦理学视角》,《全球教育展望》2017 年第 9 期。

［36］潘懋元:《对高等教育若干问题的思考——潘懋元先生访谈》,《西北工业大学学报(社会科学版)》2018 年第 2 期。

［37］王鹤岩、张志顺:《辩证继承中华民族传统文化中的德育资源》,《哈尔滨工业大学学报(社会科学版)》2019 年第 5 期。

［38］房正:《党的理论创新与思想政治教育发展年度研究述评》,《思想教育研究》2018 年第 2 期。

［39］易连云:《“中国特色德育模式”理论建构中的方法论导向》,《教育学报》2018

年第 6 期。

[40] 佘双好:《新中国 70 年思想政治教育模式发展的内在理路》,《南京师大学报(社会科学版)》2019 年第 4 期。

[41]杜时忠、孙银光、程红艳:《德育研究 70 年:回顾与前瞻》,《教育研究》2019 年第 10 期。

[42] 张俭民、董泽芳:《对话德育:高校传统德育的困境与超越》,《教育科学》2017 年第 2 期。

[43] 年勇:《高校德育创新的公共理性考量》,《国家教育行政学院学报》2014 年第 10 期。

[44] 包水梅:《高等教育多学科研究的解读与反思》,《高等教育研究》2013 年第 5 期。

[45] 班华:《近十年来德育思想现代化的进展》,《教育研究》1999 年第 2 期。

[46] 王啸、鲁洁:《德育理论:走向科学化和人性化的整合》,《中国教育学刊》1999 年第 3 期。

[47] 吴倬:《建立结构合理功能互补的高校德育系统》,《清华大学教育研究》2001 年第 1 期。

[48] 黄英杰、李达军:《大学协同创新的合理化叙事及其角色定位》,《高校教育管理》2014 年第 3 期。

[49] 吴宁宁:《高校主体性德育培养的新视域探索——基于日本高校德育发展的启示》,《东北大学学报(社会科学版)》2019 年第 2 期。

[50] 沈壮海:《论高校德育的人本追求》,《思想理论教育导刊》2009 年第 11 期。

[51] 叶飞、檀传宝:《德育一体化建设的理念基础与实践路径》,《教育研究》2020 年第 7 期。

[52] 叶飞:《德育理论的中国探索与转型之路(1949—2019)》,《南京师大学报(社会科学版)》2019 年第 4 期。

[53] 叶飞:《回归本体价值的德育评价改革》,《南京社会科学》2022 年第 1 期。

[54] 王婧:《思想政治教育过程的矛盾理论研究述评》,《思想政治教育研究》2015 年第 1 期。

[55] 彭宗祥、汪力:《德育资源的双重属性与德育的双重性》,《思想理论教育》2015 年第 5 期。

[56] 蔡文伯、常璐:《21 世纪以来我国德育研究发展现状的计量分析》,《教育科

学研究》2015 年第 1 期。

［57］童志坚:《高校德育共同体构建的策略分析——基于社会资本理论视域的探讨》,《教育评论》2014 年第 8 期。

［58］金鑫、刘琦:《大学生协同创新能力培养探析》,《学校党建与思想教育》2017 年第 1 期。

［59］贾仕林、张纪霞:《美国高校德育的途径、特点及其启示》,《教育与职业》2014 年第 7 期。

［60］周健民、陈勰、曹建明:《高校体验式德育探究》,《高等教育研究》2017 年第 6 期。

［61］杜占元:《面向 2030 的教育改革与发展》,《教育研究》2016 年第 11 期。

［62］付晓容:《高校德育的生态性危机及其超越》,《重庆大学学报(社会科学版)》2018 年第 3 期。

［63］戚万学、唐爱民、韩笑:《改革开放 40 年德育理论研究的主题及进展》,《教育研究》2018 年第 10 期。

［64］刘献君:《交往的教育意蕴》,《高等教育研究》2021 年第 4 期。

［65］檀传宝:《再论"教师德育专业化"》,《教育研究》2012 年第 10 期。

［66］班建武:《德育一体化的社会向度及其实践要求》,《国家教育行政学院学报》2022 年第 3 期。

［67］金德楠:《中国传统道德伦理体系的整体主义特质及其时代价值》,《理论探索》2021 年第 3 期。

［68］赵伟:《基于现实道德困境的学校德育模式重构》,《教学与管理》2018 年第 7 期。

［69］胡家勇:《论人的需要及其实现》,《中州学刊》2019 年第 10 期。

［70］程红艳:《当前学校德育理论研究之反思与展望》,《教育研究与实验》2016 年第 1 期。

［71］白显良、崔建西:《新时代立德树人的价值定位、时代内涵与实践要旨》,《思想理论教育》2018 年第 11 期。

［72］韩震:《推进德育一体化的时代背景、内涵要求与实践进路》,《思想政治课教学》2021 年第 3 期。

［73］李香善:《高校德育环境的优化》,《教育理论与实践》2014 年第 3 期。

［74］杨晓峰:《大数据时代的教育:展望与行动》,《高等教育研究》2016 年第

12 期。

[75] 杜时忠:《当前学校德育的三大认识误区及其超越》,《教育研究》2009 年第 8 期。

[76] 高德胜:《生活德育简论》,《教育研究与实验》2002 年第 3 期。

[77] 张睿:《协同论视域下高校"三全育人"实施的机理与路径》,《思想理论教育》2020 年第 1 期。

[78] 陶思亮、陈正芹、朱惠蓉:《高校治理视域下德育工作创新发展探析》,《思想理论教育》2017 年第 3 期。

[79] 艾楚君、焦浩源:《试论高校思想政治教育协同机制的构建》,《思想教育研究》2019 年第 6 期。

[80] 洪林、陈桂香:《高校协同创新的哲学思考》,《重庆高教研究》2013 年第 5 期。

[81] 胡洪彬:《系统思维与新时代思想政治教育资源的整合优化》,《思想教育研究》2021 年第 12 期。

[82] 张炜、李祥永、陈智玲:《专业课程隐性德育资源开发利用刍议》,《思想政治教育研究》2018 年第 5 期。

[83] 刘松、唐亚阳:《论高校思想政治教育的隐性资源及其整合路径》,《思想教育研究》2022 年第 12 期。

[84] 杨维东、李兰:《高校思想政治教育资源整合理论研究》,《中国高等教育》2018 年第 3 期。

[85] 周宏:《论高校德育过程"生态链"关系的协调》,《中国高等教育》2008 年第 9 期。

[86] 杜时忠、管贝贝:《论德育的过程本质》,《教育科学研究》2013 年第 2 期。

[87] 郁树廷、谢惠媛:《论德育过程中师生双主体互动关系》,《北京航空航天大学学报(社会科学版)》2011 年第 6 期。

[88] 张丽、安艳霞、何云峰:《高校德育资源整合:阻滞因素与消解路径》,《当代教育科学》2020 年第 4 期。

[89] 刘三宝、谢成宇:《基于大数据的高校思想政治教育协同创新研究》,《广西社会科学》2021 年第 4 期。

[90] 苏屹:《基于系统科学的协同创新理论分析方法研究》,《科研管理》2013 年第 12 期。

[91] 龙春平:《高校德育发展的价值诉求与实践追求》,《教育探索》2015 年第 5 期。

[92] 王啸、鲁洁:《德育理论:走向科学化和人性化的整合》,《中国教育学刊》1999 年第 3 期。

[93] 齐学红:《制度设计与自我呈现:学校德育模式的社会学视角》,《教育科学研究》2010 年第 3 期。

[94] 陈文海:《论高校德育体系建构的三重转化》,《学校党建与思想教育》2017 年第 1 期。

[95] 刘焕、李明德:《改革开放以来我国社会思潮研究的述评与展望》,《北京工业大学学报(社会科学版)》2020 年第 3 期。

[96] 杨晓慧:《高等教育"三全育人":理论意蕴、现实难题与实践路径》,《中国高等教育》2018 年第 18 期。

[97] 别敦荣、胡颖:《论大学协同创新理念》,《中国高教研究》2012 年第 10 期。

[98] 李忠云、邓秀新:《高校协同创新的困境、路径及政策建议》,《中国高等教育》2011 年第 17 期。

[99] 冯永刚、彭兰香:《近十五年我国德育研究热点及前沿趋势探微——基于文献计量学和科学知识图谱的可视化分析》,《山东师范大学学报(人文社会科学版)》2018 年第 5 期。

[100] 江宗超:《德育模式之关联性与发展趋势》,《教育评论》2015 年第 3 期。

[101] 赵玉鹏、杨连生:《专业社会化:高校辅导员职业发展的新视角》,《湖北社会科学》2022 年第 6 期。

[102] 赵秀娟、张明志:《论高校辅导员职业价值的逻辑意蕴与实践观照》,《思想教育研究》2023 年第 3 期。

[103] 沙军:《论高校辅导员核心素养的生成逻辑》,《中国高等教育》2022 年第 11 期。

[104] 冯刚:《高校德育理念的创新与发展》,《学校党建与思想教育》2006 年第 2 期。

[105] 冯刚、史宏月:《新时代高等学校思想政治教育质量评价科学化》,《教育研究》2021 年第 10 期。

责任编辑：吴继平
封面设计：周方亚

图书在版编目(CIP)数据

高校德育协同创新研究/曹政 著.—北京:人民出版社,2023.9
ISBN 978-7-01-025935-2

Ⅰ.①高… Ⅱ.①曹… Ⅲ.①高等学校-德育工作-研究-中国 Ⅳ.①G641

中国国家版本馆CIP数据核字(2023)第168209号

高校德育协同创新研究
GAOXIAO DEYU XIETONG CHUANGXIN YANJIU

曹 政 著

人民出版社 出版发行
(100706 北京市东城区隆福寺街99号)

北京汇林印务有限公司印刷 新华书店经销

2023年9月第1版 2023年9月北京第1次印刷
开本:710毫米×1000毫米 1/16 印张:12
字数:178千字

ISBN 978-7-01-025935-2 定价:48.00元

邮购地址 100706 北京市东城区隆福寺街99号
人民东方图书销售中心 电话 (010)65250042 65289539